RECUEIL

DES

NOELS

COMPOSÉS EN LANGUE PROVENÇALE

PAR

NICOLAS SABOLY

ANCIEN BÉNÉFICIER ET MAITRE DE MUSIQUE

DE L'ÉGLISE DE SAINT-PIERRE D'AVIGNON

NOUVELLE ÉDITION

PLUS COMPLÈTE ET PLUS CORRECTE QUE LES PRÉCÉDENTES

PUBLIÉE POUR LA PREMIÈRE FOIS AVEC LES AIRS NOTÉS

RECUEILLIS, ET ARRANGÉS POUR LE PIANO OU L'ORGUE

PAR FR. SEGUIN

AVIGNON

FR. SEGUIN AÎNÉ, IMPRIMEUR-LIBRAIRE, RUE BOUQUERIE, 13

1856
1855

INTRODUCTION

I

Il y a près de vingt ans que le projet de publier avec les airs notés, une édition des Noëls composés en langue provençale par Nicolas Saboly, avait été concertée entre mon père et M. Requien; et c'est aujourd'hui seulement qu'il m'est permis de mener à bonne fin cette entreprise délicate, trop longtemps retardée par les plus graves obstacles.

M. Requien, dont le monde savant ne cesse de regretter la perte; lui « dont un regard suffisait, comme l'a dit M. A. de Pontmartin, pour expliquer à la fois la pierre d'une ruine, la plante qui avait percé cette pierre, l'insecte qui bourdonnait sur cette plante et la langue qu'on avait parlée autour de ces débris; » M. Requien, si cher aux Avignonais, et qui recueillait si patriotiquement tout ce qui concernait l'histoire de nos contrées, pouvait-il rester indifférent à l'égard de Saboly, en qui se personnifie en quelque sorte le génie de la poésie provençale au XVIIe siècle?

C'est à M. Requien que nous devons la plupart des documents qui sont entre nos mains; c'est lui qui s'était chargé de nous procurer les extraits des actes de naissance, de décès, d'investiture, d'affiliation, relatifs à notre auteur; c'est à sa demande que M. Aubert, d'Avignon, à l'époque où il était Régisseur du palais de Neuilly, fit une copie des Noëls de Saboly sur l'exemplaire de la première édition, conservé à la Bibliothèque de l'Arsenal. Cet exemplaire, peut-être unique au monde, contenant les six recueils publiés successivement chaque année, du vivant de l'auteur, par Pierre Offray et Michel Chastel, depuis 1669 jusqu'à 1674, provient de la Bibliothèque du Duc de La Vallière, dont l'abbé Rives, savant Vauclusien, fut le bibliothécaire. Par une faveur exceptionnelle, M. Requien put même obtenir du Ministère la communication de ce précieux volume.

M. Requien nous fit connaître qu'il existait, à la Bibliothèque de la ville de Carpentras, un manuscrit de Saboly, dont la découverte est due à M. Richard. On y trouve des détails relatifs à la vie du vieux maître, divers essais de poésie, soit française, soit provençale, et plusieurs noëls inédits qui se rapportent à l'année 1655. Ces poésies ne le cèdent en rien à celles que l'impression a fait connaître; quelques-unes se distinguent par un ordre de beautés encore plus relevées.

La copie que nous possédons de ces noëls inédits, a été faite par M. Requien lui-même. On les trouvera à la suite de notre Introduction; et le lecteur, nous pouvons le dire d'avance, pensera comme nous qu'ils contribuent beaucoup à augmenter l'intérêt de notre recueil.

Pour mettre tous ces matériaux en œuvre, on eut recours à M. Agricol Richard, homme versé dans les lettres, d'une incontestable érudition, et l'un de nos bibliophiles les plus distingués.

M. Richard prit ce travail à cœur: son premier soin fut de transcrire les noëls de Saboly, de noter les différentes versions que présentait entre elles le texte d'éditions nombreuses, et de rétablir judicieusement, d'après les premières éditions, les passages altérés par la négligence des éditeurs du siècle suivant. Des tables chronologiques et alphabétiques furent encore dressées par lui, avec indication des endroits où des notes seraient nécessaires pour l'éclaircissement du texte. M. Richard s'occupait enfin de compulser les diverses biographies, et autres ouvrages spéciaux qui traitent de l'histoire et de la littérature provençales, et de recueillir ce qui pouvait se rapporter tant à Saboly qu'aux auteurs contemporains, entraînés par le maître dans son lumineux sillon poétique.

Surpris par une mort inopinée au milieu de ces recherches préliminaires, M. Richard n'a pu les compléter, ni couronner son œuvre par une étude littéraire sur Saboly, étude dont il voulait faire hommage à son frère, M. Richard, curé de St-Pierre, homme apostolique, dont la carrière, pleine de jours et de mérites, a laissé parmi nous les plus touchants souvenirs de zèle et de charité.

Mon père, dont je ne puis parler sans un sentiment de tendre vénération, avait, peu auparavant, précédé M. Richard dans la tombe; et quelques années plus tard, M. Requien devait succomber à Bonifacio, victime de son ardent amour pour la science.

Si de malheureuses circonstances se sont opposées à ce que cette édition parût plus tôt; s'il est regrettable qu'elle n'ait pu être dirigée par un éditeur doué, je puis le dire, de connaissances aussi étendues et d'un goût aussi éclairé que l'était mon père, au moins des secours précieux et inespérés se sont offerts à moi. Tout en rassurant ma faiblesse, ils suppléeront à mon insuffisance, et donneront une valeur incontestable à cette publication, dont l'opportunité, par les motifs que je vais essayer d'exposer, ne saurait être méconnue.

II

Dans le mouvement intellectuel de notre siècle, la langue provençale est venue, à son tour, réclamer pacifiquement ses droits, réveiller le culte des vieilles mœurs, le sentiment des choses passées, et protester éloquemment contre la prescription que tend à établir contre elle la langue française, sa rivale, imposée par les exigences d'une centralisation victorieuse.

« Parmi les familles d'hommes, » dit M. Saint-René Taillandier, professeur de la Faculté des lettres à Montpellier, dans son introduction du volume *Li Prouvençalo*, placée comme un superbe portique en tête d'un charmant édifice, « parmi les familles d'hommes qui interrogent ainsi leurs annales domestiques, il en est une surtout qui n'avait qu'à se souvenir pour ramasser des trésors. A une époque où la barbarie couvrait le monde, entre les pâles lueurs de la décadence antique et la naissance des nations modernes, il y avait un coin de terre privilégié où la culture intellectuelle avait trouvé un refuge et produit des merveilles. C'est sous le soleil de la France du midi que s'est épanouie la fleur de la civilisation chrétienne; c'est l'imagination provençale qui a délié la langue des peuples nouvellement constitués, et frayé la route où s'est élancé leur génie. Dante et Pétrarque, sans doute, n'avaient pas besoin des chantres de la langue d'Oc pour être des intelligences supérieures: auraient-ils été de grands poëtes sans cette bienfaisante influence? auraient-ils été surtout des poëtes vraiment nationaux, et tiendraient-ils une si glorieuse place dans l'histoire de l'art italien? Il est permis d'en douter..... Il n'est pas de titre littéraire plus précieux pour nous que la reconnaissance que Dante témoigne, dans son Traité *De vulgari eloquio*, à l'égard des gracieux poëtes de la langue romane. »

Une littérature qui peut offrir de pareils titres, invoquer de pareils souvenirs, se confondre avec des époques aussi considérables de l'histoire, n'a-t-elle pas droit de commander l'attention? Faut-il s'étonner de cette faveur sympathique avec laquelle nos populations méridionales ont accueilli la muse provençale à son réveil? Aussi nous modernes troubadours, réunis en congrès à Arles, puis à Aix, après avoir déroulé à l'envi les plus riches trésors de leur imagination, ont-ils excité d'unanimes applaudissements. Les philologues s'en sont émus. Les plus chauds partisans de la littérature française ne peuvent, d'ailleurs, s'empêcher de reconnaître des rapports de fraternité entre le provençal et les autres langues nées de la dissolution du latin, et ils se garderaient bien de le confondre avec les patois des autres provinces de France. Un éclatant témoignage vient d'être rendu tout récemment à notre langue par M. Littré, dans un article du *Journal des Débats* (n° du 3o juillet), consacré à rendre compte du drame d'*Adam*, monument de vieux français, récemment exhumé de la bibliothèque publique de Tours, par M. Luzarche; et le docteur Honnorat a pu, sans rencontrer encore un seul contradicteur, avancer hardiment cette proposition : que le provençal, bien que n'ayant pas adopté des règles fixes pour son orthographe et sa syntaxe, n'en offre pas moins plus de régularité, d'ensemble et de philosophie, qu'aucune des langues modernes.

L'attention s'est aujourd'hui portée plus que jamais sur la langue provençale, sur les poëtes provençaux : une rapide excursion sur le domaine de leur histoire ne paraîtra donc pas ici tout-à-fait hors de propos.

III

On sait que les troubadours ont été les poëtes de la Chevalerie, que leur origine se confond avec la Chevalerie elle-même. Guillaume IV, comte de Poitiers, duc d'Aquitaine, l'un des héros des Croisades, est le plus ancien troubadour dont le temps ait épargné les œuvres. Viennent ensuite l'empereur Frédéric Barberousse; Richard Cœur-de-Lion, roi d'Angleterre; Alphonse II et Pierre III, rois d'Aragon; Frédéric II, roi de Sicile; le prince d'Orange; le dauphin d'Auvergne; les comtes de Provence, de Foix, de Toulouse, de Barcelone, et, à leur exemple, les premiers gentilshommes de leurs cours. Aussi cette période, qui s'étend depuis le milieu du XIe siècle jusqu'à la fin du XIIe, est-elle considérée comme l'âge d'or de la poésie provençale.

Au XIIe siècle, fleurirent, entre autres, Geoffroy Rudel, Giraud de Borneil, Bertrand de Born, Raimbaud de Vaqueyras, et surtout Arnaud Daniel, cité par le Dante, et à qui Pétrarque doit les plus beaux endroits de ses œuvres.

Ieu suis Arnaud che plor e vai cantan.....

(*Dante, Purgatorio, Canto XXVI.*)

Fra tutti il primo Arnaldo Daniello

. . . .

Giaufre Rudel, ch'uso la vela e 'l remo
A cercar la sua morte.....

(*Petrarca, Triomph. d'Am. c. 4.*)

On vit alors s'ouvrir ces conférences poétiques et chevaleresques, connues sous la naïve appellation de *Cours d'amour*, dont les principales se tinrent dans les domaines de Signe et de Pierrefeu, et qui furent pour les troubadours le théâtre de leurs succès. « Ces adeptes de la gaie science, dit M. de Riancey (*Hist. du monde*), promenaient de châteaux en châteaux leurs lyriques inspirations. En relation, par leur commerce, avec le monde entier, perpétuellement en contact avec les Arabes, — les Provençaux, héritiers du génie littéraire de la Grèce, prirent rapidement leur essor. Les émotions de la Croisade et l'enthousiasme des guerres saintes, vinrent animer encore leur poétique nature. La littérature provençale s'embellit d'un luxe oriental : magnificence de comparaisons et d'images, exaltation des sentiments et des idées, pensées ingénieuses et chevaleresques, toutes formes extérieures inconnues aux anciens, elle les accueillit avec transport et en fit ses principaux ornements. »

Mais, dans le XIIIᵉ siècle, les lettres provençales furent mises en péril par le penchant des troubadours à sacrifier au sensualisme, et par les habitudes d'opposition et de libertinage qui passèrent dans le sang des peuples, et vinrent se résoudre dans l'hérésie albigeoise. On cite parmi les poëtes de cette malheureuse époque, Fouquet, de Marseille; Pierre Raimond, imité par Pétrarque; Bernard de Ventadour; Blacas; Sordel, de Mantoue :

O Mantovano, io son Sordello
Della tua terra.....

(*Dante, Purgatorio, Canto VI.*)

Le XIVᵉ siècle fournit Pierre Cardinal ; le Moine de Montmajour, surnommé *le flagel des troubadours*, parce qu'il les censura très-sévèrement. On ne manque pas de mettre au rang des troubadours de ce temps Laure de Noves, chantée par Pétrarque. Laure, élevée avec tant de soin par sa tante, Stéphanette de Gantelmes, fut, dit-on, l'un des plus beaux ornements de la cour d'amour que tenait alors cette noble châtelaine sous *l'ormel* de Roumanil. Ces conférences furent interrompues par la peste, qui ravagea la Provence en 1348, et dont Laure elle-même fut victime.

C'est un devoir pour nous de nommer parmi les troubadours du XIVᵉ siècle, Bernard de Rascas, fondateur de l'hôpital d'Avignon, et dont on cite des morceaux estimés.

Au XVᵉ siècle, apparaît la figure du bon roi René : ce prince, non content de protéger les lettres, sut encore se distinguer par le mérite de ses poésies provençales. Dans le même temps, vivait *le Moine des Isles d'or*, poëte lui-même, et qui, au fond du cloître, s'occupa de mettre au jour les œuvres des poëtes provençaux.

C'est encore vers la fin du XVᵉ siècle qu'il faut placer Clémence Isaure, dame toulousaine, aussi spirituelle qu'ingénieuse, dont la magnifique fondation vint donner une vie nouvelle à l'Académie des Jeux floraux de Toulouse.

Cette institution, dont le but principal était le maintien du *gai saber*, s'en est totalement détournée plus tard, pour couronner exclusivement des poésies françaises ; tandis que, par un bizarre contraste, on a vu dernièrement l'Académie française couronner, en la personne de Jasmin, la poésie gasconne.

Avec le roi René faillit périr la poésie provençale : à la mort de ce prince, la Provence fut réunie au royaume de France. La langue d'Oïl, devenue nationale, étendait de plus en plus sa domination souveraine, et pendant le seizième siècle, la langue provençale, déshéritée, négligée par les hautes familles, déclina sensiblement.

Conservée par le peuple des campagnes, elle résiste à cette terrible épreuve, non sans subir certaines altérations, rendues inévitables par le contact de son impérieuse voisine.

Un travail de transformation s'accomplit pendant toute la durée du siècle suivant : on peut en suivre la trace dans La Bellaudière, et autres poëtes de ce temps, qui nous conduisent ainsi jusqu'à Saboly, justement appelé le troubadour du XVIIᵉ siècle.

Le style de Saboly pourrait être comparé à celui de La Bellaudière, comme la prose de Pascal à celle de Montaigne ; et depuis lors, le provençal n'a plus varié : la langue parlée de nos jours dans la vallée du Rhône, est encore celle de Saboly.

Telle est la brillante généalogie à laquelle viennent se rattacher nos modernes troubadours. Qu'ils se groupent sous diverses bannières, ou qu'ils marchent isolément, ils forment un essaim nombreux et se distinguent sous des aspects très-variés. On y remarque Roumanille, Mistral, Aubanel, Castil-Blaze, Glaup, Gaut, l'abbé Lambert, l'abbé Aubert, l'abbé Moyne, A. Tavan, C. Reybaud, Chalvet, A. Matthieu, E. Garcin, J. Brunet, Crousillat, d'Astros, Dioulonfet, Cassan, Jasmin, Moquin-Tandon, Bénédit, Boudin, Bellot, Désanat, et bien d'autres encore.

Les inspirations et les chants de plusieurs d'entre eux ont excité l'enthousiasme de la génération présente. Secouant la poussière qui souillait la lyre provençale, ils ont su en tirer de ravissants accords, et lui rendre, dans nos provinces, son antique et civilisatrice influence. En les écoutant, le peuple s'est senti charmé, et en est devenu meilleur. A Roumanille revient la plus belle part de ces éloges. Son exemple prouve une fois de plus que le génie mis au service des vrais principes sociaux et religieux, élèvera toujours un poëte au-dessus de cette éphémère popularité, trop souvent recherchée aux dépens de la morale et du bon goût.

Nous avons nommé Roumanille et Mistral, les deux chefs de file de l'école provençale proprement dite. « Si cette école s'organise avec suite, dit encore M. St-Réné Taillandier, si elle produit d'heureux fruits (l'on sait aujourd'hui qu'elle n'est pas demeurée stérile), ce sera en grande partie à la sollicitude de M. Mistral qu'en reviendra l'honneur : il est le conseiller, le censeur, le juge sympathique de cette entreprise (*Li Prouvençalo*), dont M. Roumanille est l'âme. »

A mon tour, j'aime à payer ici un juste tribut de reconnaissance à Mistral et à Roumanille pour l'obligeant concours qu'ils ont bien voulu me prêter dans l'accomplissement de ma tâche : grâce à leurs soins ! grâce à une connaissance approfondie de la langue provençale, fruit de leurs sérieuses études, cette publication aura, je l'espère, un mérite de correction qu'on chercherait en vain dans les éditions précédentes.

IV

C'est ici le lieu d'exposer les points fondamentaux du système d'orthographe que nous avons suivi. Pour l'établir, il suffisait de mettre Saboly d'accord avec lui-même. C'était l'avis que mon père avait autrefois fait partager à M. Requien et à M. Richard ; et j'ai éprouvé la satisfaction de voir que les discussions soulevées en ces derniers temps sur l'orthographe provençale, confirmaient pleinement sa manière de voir.

Saboly, nous l'avons dit, est venu lorsque déjà s'était accompli le travail de transformation qu'a subi la langue provençale durant le XVIe siècle. Ses poésies, écrites de verve et d'inspiration, ne laissent pas entrevoir la moindre trace de gêne ni de travail. Sans doute il n'attachait pas plus d'importance à ses noëls que Pétrarque n'en attachait à ses *rime* ; et cependant, de la comparaison de son texte, il n'en résulte pas moins qu'on peut établir, par des exemples tirés de ses poésies elles-mêmes, un système logique et uniforme, une suite de principes généraux qui devraient faire loi pour les

b

écrivains des âges suivants. Placé sur les confins de l'ancienne littérature romano-provençale, Saboly est comme un phare qui éclairera la nouvelle, et l'empêchera de se briser sur les écueils des innovations.

En réimprimant Saboly, on devait donc lui conserver sa physionomie, son caractère, ses habitudes orthographiques. Il suffit de constater ce point à l'abri de toute discussion.

Voici les formes principales de cette orthographe :

1° La désinence *on*, pour la troisième personne plurielle des verbes : *Qu me dira vount van*, *Qu me dira d'ount vèn*on ;

2° La suppression de l'*r* de l'infinitif : *Lou pichot fai rèn que ploura, Sa maire fai rèn que souspira ;*

3° La suppression de l's au pluriel, excepté lorsqu'elle sonne dans la prononciation : *Quitas vòstei móutoun, Leissas voste*s *araire ;*

4° Les diphthongues et triphthongues en *au, èu, òu, iau, iéu, iòu :* exemple : P*au*re, D*èu*te, Roussign*òu ;* Best*iau*, D*iéu*, b*iòu*, malgré la tendance moderne de la forme *aou, èou, oou*, et même *ao, èo*, introduite sous prétexte d'être plus accessible au vulgaire.

Saboly a constamment écrit *au, ou :* P*au*re, Best*iau*, Roussign*ou*, B*iou*, etc. Quant à la forme *eu*, elle se rencontre très-rarement dans les premières éditions de ses noëls ; on y trouve à la fois, et contradictoirement, D*ieou*, D*iou*, d*eute*, *nouveau ;* tandis que, dans le manuscrit de Carpentras, on la trouve plus fréquemment. Ce manuscrit démontre donc la préférence de Saboly pour une manière d'écrire que ses éditeurs ont rejetée par ignorance ou parti pris. Pour nous, il n'y avait pas à balancer ; et nous avons dû, en adoptant *au, èu, òu*, conserver ce précieux caractère d'unité orthographique entre l'ancien roman et le provençal moderne.

5° Enfin, un cachet spécial de l'orthographe de Saboly consiste dans la substitution de la voyelle finale *o* à la voyelle *a*, dans les noms féminins : *Lou marrit lié qu'uno pèiro de taio !*

Je ne dirai rien de quelques cas particuliers qui ont été résolus par analogie, ni de certains mots isolés sur lesquels l'orthographe de Saboly présente des différences : nous avons opté pour la manière la plus conforme au génie de la langue et à l'usage le plus général des bons auteurs. Quant à certaines formes particulières à Saboly, telles que *toutes, nautrei, lei, age, nue, cue*, etc., nous les avons respectées.

Un système d'accentuation était encore indispensable : Saboly n'a pas exclu les accents ; mais il ne les a pas écrits avec uniformité. Nous avons suivi la méthode exposée par Roumanille dans la savante dissertation qui précède son poème : *La Part dóu bon Diéu*. Cette méthode se justifierait au besoin par des exemples puisés dans Saboly même.

Ces diverses formes orthographiques ont été souvent et vivement controversées. L'on s'est beaucoup récrié contre la suppression des *r* des infinitifs, des *s* du pluriel ; mais c'est surtout à propos de l'*o* final substitué à l'*a* dans les noms féminins, que s'est élevée parmi les modernes la plus grande discussion. C'est, en effet, une innovation qui remonte à La Bellaudière au XVIᵉ siècle. On peut la considérer comme la marque principale de la transformation qu'a subie, à cette époque, l'orthographe provençale. Des auteurs plus récents ont même tenté d'y substituer l'*ou*, et même l'*e* muet français. M. Honnorat, dans son *Projet de Dictionnaire provençal*, repousse ces innovations, adopte l'*a*, voyelle féminine, et conserve l'*r* de l'infinitif de l'ancienne langue romane, rejeté par Saboly, et par les auteurs modernes qui écrivent dans le doux parler d'Arles.

Or, voici ce qui arrive d'ordinaire aux philologues érudits : retranchés dans le camp des éléments étymologiques et des formes d'orthographe primitives, ils s'efforcent en vain de retenir la langue dans la voie d'un perfectionnement idéal, sans tenir suffisamment compte des instincts populaires, qui se frayent des voies nouvelles en dépit de tous les calculs. Il est vrai que cette préoccupation trouve, dans la position tout exceptionnelle de M. Honnorat, la justification la plus légitime : ce savant avait en effet, à classer, non-seulement les mots du provençal moderne, mais encore les mots de la langue romane, à laquelle la langue usuelle se rattache par des liens tellement intimes, que toutes deux ne forment en quelque sorte qu'un seul et même idiome. Sans le système étymologique adopté par M. Honnorat, il y aurait eu complète impossibilité de mener à bout une entreprise aussi gigantesque, dont la nature semblait défier les forces d'un seul homme, et qu'il a pourtant terminée avec une persévérance et un talent dignes de l'admiration universelle.

V

C'était beaucoup, assurément, de publier un texte pur, conséquent en son orthographe, augmenté de pièces inédites du plus grand intérêt, de rétablir le sens de nombreux passages devenus inintelligibles par les plus intolérables erreurs typographiques, mais ce n'était point assez pour Saboly : il fallait encore restituer à sa couronne l'un des plus beaux fleurons que le temps en avait fait tomber ; il fallait retrouver et publier aussi ces airs inimitables, sources de ses plus heureuses inspirations poétiques ; ces airs qui n'étaient restés gravés que dans la mémoire du peuple, et dont la tourmente révolutionnaire elle-même n'avait pu qu'affaiblir la trace, sans l'effacer entièrement.

La tâche de recueillir ces airs m'avait plus particulièrement été dévolue ; elle m'avait d'abord paru facile. Hélas ! à combien de déceptions ne m'a-t-elle pas exposé ! Après plusieurs années de recherches, après avoir eu recours au souvenir d'une foule de personnes, compulsé et même copié de nombreux recueils imprimés ou manuscrits, j'étais parvenu à trouver une centaine d'airs ; mais ces airs ne correspondaient pas à chacun des noëls de Saboly ; la tradition d'une même mélodie variait selon les diverses personnes qui me la faisaient entendre : pour certains noëls, il m'arrivait d'avoir jusqu'à dix airs différents ; pour certains autres, je ne pouvais même trouver un seul air.

Malgré toutes mes incertitudes, je ne cessais de recevoir de pressants encouragements de la part de mes amis : MM. B. Laurens et d'Ortigues se montraient plus pressants que les autres. Ce dernier surtout, dans le *Journal des Débats* (20 décembre 1854), rendant compte du chef-d'œuvre de Berlioz, *l'Enfance du Christ*, trouvait le moyen de me stimuler avec une bienveillante malice :

« Tout autre peut-être que M. Berlioz, disait M. d'Ortigues, n'eût pas manqué d'introduire dans cette délicieuse et gothique ouverture, qui représente les bergers se rendant de tous côtés à l'étable de Bethléem, dans les couplets en chœur et le ravissant récit qui suivent, d'introduire, dis-je, des airs ou des pastiches d'airs de nos anciens noëls ; et il y en a de fort jolis, notamment ceux de notre vieux Saboly, si cher à tous les Provençaux, et que M. Fr. Seguin, libraire-éditeur d'Avignon, a recherchés avec tant de passion, a recueillis avec tant d'amour, a transcrits avec tant de fidélité et de goût, bien que, jusqu'à ce jour, il s'obstine à les garder un peu trop exclusivement pour lui. »

L'imprudent ! il connaissait bien mes scrupules ! N'importe, il fallait avancer, malgré l'insurmontable défiance causée par la nature même d'un travail incomplet, et dont l'exactitude, sinon l'authenticité, n'aurait pas manqué de m'être contestée. J'allais donc me résigner à publier mon recueil, lorsqu'un jour un des poëtes les plus facétieux de la pléiade moderne, M. Cassan, qui avait bien voulu rechercher quelques-uns des dix-huit airs qui me manquaient, et dont les efforts avaient abouti à m'en procurer deux ou trois, vint me dire : « Vous prenez beaucoup de peine pour chercher les airs de Saboly, mais ces airs existent: M. Eugène Bastide en possède un recueil manuscrit, très-remarquable, que ses pères lui ont transmis. »

A cette révélation inattendue, je cours chez M. Bastide, jeune avocat des plus distingués du barreau d'Avignon, qui partage entre les soins de sa famille et le culte de l'art musical, les loisirs que lui laisse sa profession. J'expose le but de ma visite, j'entre dans le détail de l'entreprise projetée, et j'obtiens communication du précieux manuscrit. Ce que je ne saurais dire, c'est l'amicale et généreuse obligeance avec laquelle M. Bastide m'a accueilli; ce que je ne puis non plus exprimer, c'est le sentiment profond de reconnaissance que je ressens pour celui qui m'a si bien mis à même d'achever le monument qu'il s'agissait depuis longtemps d'élever à la mémoire de Saboly.

Le manuscrit de M. Bastide forme un volume in-4° d'environ 500 pages; il contient à peu près 220 noëls, presque tous ceux de Saboly, et beaucoup d'autres encore, soit en provençal, soit en français, sans indication du nom des auteurs. Il est en entier écrit de la main de M. Joseph Bastide, chirurgien d'Avignon, né en 1690, consul de la ville en 1751, et bisaïeul de M. E. Bastide. En tête de la plupart de ces noëls se trouve la mélodie notée. L'écriture en est très-nette et très-pure; point de rature dans le texte, pas une note douteuse dans les airs. La forme de l'écriture, identique à celle d'un livre de raison de J. Bastide, conservé par son arrière petit-fils, le genre de la reliure en parchemin avec coins en cuivre, tout concourt, avec les déclarations de la famille, à faire remonter ce précieux manuscrit au commencement du XVIII⁰ siècle.

A défaut de manuscrits originaux, la copie de J. Bastide est bien celle qui se rapproche le plus du temps de Saboly. Les airs qui s'y trouvent ajoutés, et dont l'authenticité ne saurait être raisonnablement contestée, lui donnent une valeur inestimable. Les œuvres d'art portent avec elles un cachet spécial qui les fait reconnaître, et qui permet d'assigner à chacune sa date certaine et le nom de son auteur. Ce caractère est si bien empreint dans ces petites compositions musicales, qu'alors même que J. Bastide ne les eût pas copiées sur un manuscrit autographe de Saboly, mais seulement transcrites de mémoire sur la seule tradition de son temps, il n'y aurait pas lieu de concevoir le plus léger doute relativement à leur exactitude et à leur authenticité. Si l'on considère qu'alors les traditions se conservaient religieusement dans les familles, et qu'il n'y avait pas d'usage plus universellement répandu que celui de chanter, tous les ans, aux approches des fêtes, les noëls si populaires de Saboly, on reconnaîtra qu'en un temps si voisin de l'époque où vivait notre auteur les traditions n'avaient pu s'altérer.

VI

La comparaison du manuscrit de J. Bastide avec d'autres recueils, manuscrits ou imprimés, ajoute un nouveau degré de certitude à l'opinion qui vient d'être émise, et nous croyons devoir en donner ici quelques exemples.

Nous ne citerons point les pastiches si connus faits, pour le *Dixit Dominus* et le *Magnificat*, par Minster (de Carpentras), Loyseau-de-Persuis, et surtout par Sébastien Blaze, si supérieur aux deux autres, parce que, dans ces compositions, les airs ont été presque toujours altérés, autant par les exigences des paroles latines mises en œuvre, que par l'influence irrésistible de la tonalité harmonique moderne. Dans ces compilations, les airs, évidemment altérés, font ressortir la supériorité mélodique du manuscrit de Bastide.

Mais c'est en remontant quelques années plus haut que la confrontation devient plus intéressante : dans un recueil de cantiques gravés à Paris en 1759 par Hue, on trouve un certain nombre d'airs de noëls de Saboly : *Hòu! de l'oustau...*, *Lou queitevié...*, *Me siéu plega...*, *Aquel ange qu'es vengu...*, *Touro-louro! louro! lou gau canto...*, *Sant Jóusè m'a di...*, *Auprès d'aquel establé...*, *Veici veni lou gros serpènt...*, *Un ange dóu cèu es vengu....* Chose digne de remarque, tous les airs se retrouvent notés d'une façon identique à la copie de J. Bastide. La paroisse St-Didier, d'Avignon, possède un cahier manuscrit d'airs de noëls notés pour l'orgue par Renaud, Maître de Chapelle de cette église en 1775. Malgré quelques différences, les airs sont, pour la plupart, conformes au manuscrit de Bastide.

Saboly a composé son 12ᵉ noël : *Venès lèu vèire la piéucello*, sur l'air du bûcheron de Molière : *Qu'ils sont doux, bouteille ma mie!* (*Médecin malgré lui.*) Cet air est de Lulli, qui a mis en musique les ballets et les intermèdes de Molière; il porte un tel caractère d'originalité que la tradition s'en est à peu près fidèlement conservée dans les différents manuscrits et dans la mémoire du peuple, et que personne ne s'est avisé jusqu'à ce jour de vouloir le remplacer par un air plus nouveau. Mais il fallait retrouver l'air primitif de Lulli. Le croira-t-on? c'est en vain qu'on l'a cherché à la Bibliothèque du Conservatoire de musique, à celle du Théâtre français, et même à la Bibliothèque de la rue Richelieu. On peut juger par là de la difficulté qu'il y a de retrouver des airs isolés, lorsque les ouvrages auxquels ils appartiennent n'ont point été publiés. Cependant, grâce à l'obligeance de personnes amies, je suis parvenu à btenir deux copies distinctes de cet air, l'une d'après la mélodie chantée par l'acteur qui joue aujourd'hui le rôle du bûcheron dans la comédie de Molière, la seconde, rée d'un recueil appartenant à M. Delsarte, le premier maître de chant de notre poque. On trouvera ces deux versions parmi les notes concernant le 12ᵉ noël. L'air rovenant de la Bibliothèque de M. Delsarte est presque identique à celui du noël. La strophe de Saboly, différant de la coupe de Molière, notre poëte-musicien a dû modifier en un point, pour l'adapter à ses vers, la mélodie de Lulli.

Les deux exemples suivants montreront de plus jusqu'à quel point les airs de Saboly taient populaires, puisque, malgré l'orage révolutionnaire, plusieurs ont pu se ransmettre sans s'altérer. Le premier concerne M. Arnaud, habile musicien, fort connu, mort il y a près de trois ans à Avignon, dans un âge très-avancé. A la demande de M. Requien, M. Arnaud avait noté tous les airs que sa mémoire presque séculaire avait pu lui rappeler. Dans son manuscrit se retrouvent la plupart des airs du recueil de Hue, et plusieurs autres encore, notés presque toujours exactement comme Hue et Bastide les ont écrits. Le plus remarquable de tous est l'air du noël : *Hòu! de l'oustau...*, très-fidèlement noté, malgré la difficulté qu'y présentent de fréquents changements de rhythme et de mesure. Le second exemple est relatif au noël nᵒ 33 : *Lei pastourèu an fach uno assemblado...*, l'un des plus populaires. Il n'existe peut-être pas de noël pour lequel il ait été fait un aussi grand nombre d'airs ; de plus, ces airs varient selon les traditions particulières à chaque localité. Eh bien! un air de ce noël, qui m'a été chanté par l'honorable M. Ayme, si cher à M. Requien, se trouve être précisément le même que celui du manuscrit de J. Bastide.

Cette conformité de la copie de J. Bastide avec d'autres recueils manuscrits ou imprimés, avec certaines traditions orales, ne démontre-t-elle pas jusqu'à la dernière évidence que les airs du manuscrit Bastide sont les airs originaux et primitifs de Saboly? La même certitude d'authenticité ne doit-elle pas exister à l'égard des autres airs de ce recueil, dont le souvenir s'est effacé plus tard, et qu'il ne sera sans doute jamais possible de retrouver ailleurs? Il suffit d'avoir posé ces questions pour les avoir résolues.

Ce point surabondamment prouvé, on voudra bien se souvenir que, dans cette édition, l'air primitif, authentique de Saboly, c'est-à-dire l'air collationné sur le manuscrit de J. Bastide, a toujours été placé le premier en tête du noël auquel il correspond. Il n'y a d'exceptions à faire que pour les airs correspondant aux nᵒˢ 6, 11, 34, 49, 62, 64 et 67 : ces derniers, recueillis par tradition, manquent au recueil de Bastide ; faute de pouvoir les éprouver à cette pierre de touche, nous n'en affirmerons pas l'authenticité. A la suite de l'air original, viennent se ranger d'autres airs plus récents, que la faveur populaire a quelquefois fait prévaloir sur le premier. Ce rapprochement offrira de curieux sujets d'études touchant le mouvement musical qui s'est opéré depuis le XVII° siècle jusqu'à nos jours, et permettra de juger de l'incontestable supériorité des véritables airs de Saboly, les seuls que nous ayons d'ailleurs à examiner.

VII

Il est constant, par le témoignage de ses contemporains et de ses biographes, que Saboly composait souvent la musique de ses poésies. Les indications placées en tête de ses noëls, montrent qu'il a quelquefois emprunté d'autres airs à ses devanciers; mais on voit aussi qu'en certains cas, ces indications se rapportent à d'autres compositions dont il a fait à la fois les paroles et la musique; témoin le noël n° 35 : *Sant Jóusè m'a di*, sur l'air : *Noste paure cat*, premier vers de la mordante épigramme que notre auteur avait aiguisée contre Cadenière, et dont l'air lui appartient. Il doit en être ainsi de plusieurs autres; il est à regretter qu'on ne puisse pas distinguer tous ceux qui devraient encore lui être attribués. Toutefois le doute cesse d'exister à l'égard des airs qui ne portent d'autre indication que celle du noël même. Exemple :

N° 45.   Nouvè sus l'èr :

Un ange a fa la crido,
Qu'anieu.....

et le noël suit ainsi jusqu'au bout.

Il en est jusqu'à huit que l'on peut compter dans cette catégorie, et les airs sont bien, en effet, de Saboly. Ce sont : 1. *Iéu ai vist lou Piemount...*, 2. *Bon Diéu! la grand clarta...*, 11. *Piéisque l'orguei de l'umano naturo...*, 26. *Hòu! de l'oustau...*, 45. *Un ange a fa la crido...*, 62. *Sortez d'ici, race maudite...*, 63. *En sourtènt de l'estable...*, 64. *Guihaume, Tòni, Pèire...*, 67. *Un ange dóu cèu es vengu...* Les airs n°ˢ 11, 62 et 64, ne se trouvent pas dans le recueil de Bastide, mais les traditions offrent de suffisantes garanties d'authenticité. Ils sont tous pleins d'une verve originale; l'invention mélodique en est fort remarquable, et porte le cachet d'un maître initié dans les secrets de son art. Je ne sais quel air de famille répandu sur toutes les autres mélodies, d'allures pourtant si variées, composées ou adaptées par Saboly, porterait à croire que le nombre de celles qui lui appartiennent réellement, est bien plus grand que nous ne l'avons d'abord conecturé. Quoi qu'il en soit, les airs dont l'authenticité vient d'être prouvée, suffisent pour qu'on apprécie le talent de l'organiste de Saint-Pierre, et qu'on lui restitue la place qu'il doit occuper parmi les compositeurs de son époque.

Il est fort regrettable que le temps ne nous ait pas conservé toutes les œuvres musicales de Saboly. On ne doit pas s'en étonner : les organistes, alors surtout, écrivaient peu; leurs fonctions, on le sait, les obligent à ne compter le plus souvent que sur la spontanéité de l'improvisation. Et puis, au XVIIe siècle, il n'existait pas à Avignon d'ateliers de gravure ou de typographie musicale; à Paris même, on en était réduit, en quelque sorte, aux types surannés que la famille Ballard avait acquis en 1540 du graveur Guillaume Le Bé. Ce moyen de publication, aussi dispendieux qu'imparfait, n'était pas à la portée de tous. Les maîtres les plus célèbres d'alors n'y ont pas toujours eu recours; et c'est, comme on l'a vu tout à l'heure, la cause qui a le plus contribué à l'oubli dans lequel est tombée une partie de leurs œuvres.

VIII

Pour se faire une juste idée de notre musicien-poëte, il faut encore savoir le considérer au milieu de son siècle.

Né en 1614, au moment où les audacieuses libertés harmoniques de Claude Monteverde préparaient, en Italie, la transition de l'ancienne tonalité musicale à la nouvelle, Saboly est antérieur à Lulli, le créateur, à Paris, en 1672, de l'opéra français; à Lulli, qui venait d'importer en France un genre de musique emprunté à la manière de Carissimi. Saboly mourait en 1675, peu d'années après la naissance de Lalande, du grand Couperin, d'Alexandre Scarlatti, dix ans avant la venue de Rameau, de Handel et de Sébastien Bach: ces deux derniers, surtout, appelés à élever l'art musical à une hauteur telle que, sous certains points de vue, il n'appartiendra peut-être jamais à aucun musicien de les égaler.

Donc, le milieu du XVIIe siècle était, pour la musique, une époque de labeur et d'enfantement. Or, si l'on compare les mélodies de Saboly aux fades rapsodies des compositeurs de son temps, de Cambert, de Dambrousse, de Mignon, de Lambert, et de plusieurs autres encore, qui ne sont même pas tous cités par le savant M. Fétis dans la *Biographie universelle des musiciens*, on sera bien forcé de reconnaître que ces derniers sont distancés au moins d'un siècle, tant notre troubadour l'emporte sur eux par

c

la fraîcheur et le coloris de ses cantilènes. On retrouve partout dans Saboly la tendance qu'avaient alors les chefs de l'école italienne à se frayer des voies nouvelles dans le domaine de la modulation. Nous signalerons sous ce rapport, les noëls n° 3: *Micoulau, noste pastre; 7. Ça, menen rejouïssènço; 36. Benurouso la neissènço; 62. Sortez d'ici, race maudite...;* mais surtout le noël n° 35: *Sant Jóusè m'a di(Noste paure cat).* Sébastien Blaze, qui a si harmonieusement enchâssé ce joyau dans son *Dixit Dominus*, a craint à tort de conserver la bizarre et hardie modulation majeure du 4e vers, modulation qui accuse énergiquement le besoin de transformation dont les esprits se trouvaient agités.

IX

Cette supériorité des mélodies de Saboly sur celles de ses contemporains, nous conduit à examiner si Avignon et le Comtat Venaissin n'auraient pas offert un centre artistique où la culture de l'art musical eût été peut-être plus avancée qu'en France.

On ne sera pas surpris de cette proposition, si l'on considère l'importance d'Avignon au XVIIe siècle. La vaste enceinte de cette cité renfermait une population nombreuse et active. Les manufactures de tissus y avaient pris un tel essor, que le pont St-Bénézet, sur lequel passa Louis XIV, fut tendu, dans toute sa longueur, de tentures de velours: de là vint l'idée qu'eut le grand roi d'importer cette industrie à Lyon. Il y avait à Avignon une Université florissante et une Académie littéraire: les sciences et les arts, la musique surtout, y étaient en honneur, favorisés par l'administration éclairée des Légats du Saint-Siége.

Avignon fut alors visité fréquemment par les Rois et les Reines de France et par les princes français. Des ouvrages enrichis de gravures ont été publiés à grands frais pour perpétuer le souvenir des fêtes brillantes auxquelles leur passage donnait occasion. Les lettres et les arts y étaient conviés: poésie, peinture, éloquence, architecture, art des devises, sculpture, musique, rien n'était omis. La municipalité pourvoyait largement aux frais de ces magnificences.

En 1600, la Reine Marie de Médicis fut reçue triomphalement à Avignon. Un char triomphal traîné par deux chevaux déguisés en éléphants, fut envoyé à sa rencontre. « Il y avoit sur ce char un chœur de musique à voix et instruments, sous la conduite de M. l'Æschirol, organiste de l'eglize cathedrale: les voix estoient

outes d'eslite, et triees entre les plus belles. »... Ce char traversa la ville en grande
pompe. Arrivés en présence de la Reine, les exécutants « entonnerent de fort bonne
grace un hymne à deux chœurs, l'un à quatre voix choisies, l'autre en plein chœur
renforcé, qui contenait la reprinse et le Vive le Roi. »

Après que la Reine eut été complimentée par l'assesseur Suarez, ce chariot se remit
en marche au milieu du cortége royal. « A l'instant, le grand chœur de musique, qui
avoit faict un gros de toutes les chappelles d'Avignon, commença à chanter à deux
chœurs, en harmonie reciproque, un cantique des grandeurs et excellences du Roy et
de la Royne, avec un grand tintamarre de voix resoluës et asseurees. »

Et le cortége entre dans la ville, le char triomphal promenant sur la foule ses
chants harmonieux. Ici, orchestre de haut-bois; là, nouvel orchestre de violons; plus
loin, à la *Belle-Croix*, c'est le rendez-vous des dieux du Parnasse, avec harpes, mando-
res, luths, épinettes, cistres, violons, etc.

Arrivée à la Place du Change, devant un temple qu'on y avait élevé, « la Royne y fut
saluée et retenue par le grand chœur de musique rangé là dedans, qui chanta fort mé-
lodieusement..... Sa Majesté monstra d'y prendre plaisir, l'entendant d'un bout à l'autre: aussi la melodie en estoit belle et de fort bonne grace, de l'ouvrage de M. Intermet, Chanoine et Maistre de chœur de St-Agricol, qui avoit charge du grand chœur de
musique. »... A son entrée à l'église Notre-Dame-des-Doms, la Reine « fut reçeüe d'un
motet chanté melodieusement sur l'orgue avecque les voix, pendant qu'elle faisoit sa
priere. » (*Labyrinte Royal de l'Hercule gaulois. p.* 20, 24, 147, 215.)

En 1622, lors du passage de Louis XIII, une commission fut nommée pour préparer
à ce monarque une brillante réception: elle se composait de MM. Thomas de Berton,
Pierre Bayol et P. J. de Salvador, « lesquels, admirant les vertus de ce prince, ne
donnoient à leur esprit repos ny iour ni nuict, pour excogiter les moyens d'illustrer
la memoire de ses hauts faicts, et contenter leur affection par quelque tesmoignage
qui peut luy correspondre..... »

A la porte de la ville, « Sa Majesté reçeut les clefs entre ses mains, puis les rendit à
M. Thomas de Berton, premier consul, cependant qu'un chœur de petites louanges,
entre lesquelles le fils de M. Pierre Bayol, troisiesme consul, menoit la bande, chan-
toient en rythme un aggreable Vive le Roi. »

On avait élevé sur la Place du Change un superbe théâtre triomphal, ayant 52 pieds
de haut et 62 pieds de large. Au milieu de cette décoration s'élevait une estrade
haute de 5 pieds, sur laquelle était placé un orchestre de 120 musiciens, sous la

conduite de M. Intermet, Chanoine de St-Agricol. La réputation que ce musicien s'était acquise par toute la France, était connue du roi Louis XIII, qui avait expressément témoigné à M. Thomas de Berton, consul, le désir de l'entendre.

« L'apresdisnee, Sa Majesté vint au College des Peres de la Compagnie de Jesus, où elle fut accueillie d'une belle et ingenieuse action theatrale, qu'elle aggrea grandement..... Les airs, que M. Intermet avoit composez, ravirent tellement le Roy et toute sa cour, que toutes les parties furent tirees des mains des musiciens, et Sa Majesté en voulut une coppie, et ouïr encor le lendemain M. Intermet à la messe, à St-Louis, où il lui commanda de se trouver. » (*La Voie de Laict, ou le chemin des héros. p.* 11, 113, 190, 220, 265.)

Il fallait qu'à Avignon, le goût de la musique fût bien répandu pour qu'en de semblables occasions, il fût possible d'improviser ainsi, sur divers points, plusieurs chœurs et plusieurs orchestres composés de nombreux exécutants.

Louis XIV, à son passage à Avignon en 1660, assista, le mercredi saint, à l'office, dans la grande chapelle du palais. L'office fut célébré par l'Archevêque, assisté du Chapitre métropolitain, du chœur et de la musique métropolitaine et de la musique italienne du Vice-Légat.

La capitale du Comtat[1] mérite à son tour une mention particulière : de tout temps et de nos jours encore, on y a signalé des artistes supérieurs : chose digne de remarque, c'est en 1646, à Carpentras, douze ans avant les premiers essais de Perrin et de Cambert, qui préludèrent à la fondation de l'opéra français à Paris, que l'abbé de Mailly fit représenter la tragédie lyrique d'*Akébar, roi du Mogol.* « Parolier adroit, dit M. Castil-Blaze, compositeur excellent en musique, dont il avait publié des traités estimés, Mailly s'était signalé doublement en cette circonstance. Le palais épiscopal de Carpentras, où siégeait alors le Cardinal Alexandre Bichi, fournit la salle où l'on applaudit pour la première fois un opéra français. Ce palais épiscopal, reconstruit en grande partie par les soins d'Alexandre Bichi, au moyen de sommes qu'il avait obtenues du roi Louis XIII, est aujourd'hui devenu le Palais de justice de Carpentras. » (*Molière musicien.*)

En France, au contraire, « sous le règne de Louis XIII, et même sous la minorité de Louis XIV, dit M. Fétis, l'art d'écrire était perdu pour la musique d'église..... La musique dramatique n'existait pas.... C'est Lulli qui fut obligé, à la naissance de l'opéra

_____

[1] Carpentras était la capitale du Comtat, puisque Avignon formait un état à part nommé Comté d'Avignon. (*Note de P. A.*)

en 1672, de former des musiciens d'orchestre et des chanteurs, qui n'existaient pas auparavant chez les Français.... Les joueurs de violon, de viole et de basse, qui composaient ce qu'on appelait les *bandes du roi*, étaient si ignorants qu'ils étaient incapables de lire la musique. » (*Résumé philosoph.* 238.)

Or, s'il est constant qu'au XVIᵉ siècle et au XVIIᵉ, la musique était bien déchue en France, tandis que l'art du chant n'existait et n'était régulièrement enseigné qu'en Italie, sera-t-il surprenant qu'Avignon ait été entraîné dans le mouvement de l'art italien? L'influence de l'école romaine, la protection des princes de l'Église, l'appui des hautes familles, entretenant l'émulation parmi les artistes, n'étaient-ils pas bien propres à maintenir l'art musical à un haut degré de splendeur? [1]

[1] M. P. Achard, Archiviste du département, a bien voulu nous communiquer les faits suivants, résultat de ses incessantes et laborieuses investigations dans le riche dépôt si bien placé sous sa main. Nous y trouvons la confirmation et le complément de nos aperçus, et nous nous faisons un plaisir de les insérer ici tels qu'ils nous ont été communiqués :

« Il est incontestable qu'à Avignon et dans le Comté Venaissin, les beaux-arts en général, et la musique en particulier, ont été, à partir d'une époque assez reculée, l'objet d'un culte fervent et assidu. Dès le XIVᵉ siècle, Avignon avait une rue de la *Muse*, c'est-à-dire une rue où une cornemuse, placée à l'auvent d'une boutique, indiquait qu'on y vendait des instruments de musique, si toutefois on n'y en fabriquait pas. C'était le nom que portait en 1360 la rue actuellement nommée Banquasse. En 1499, une semblable enseigne était placée sur une maison près des prisons de l'Auditeur; et celles de nos rues dites encore la *Grande et la petite Muse*, ne tirent pas leur nom d'une autre cause. Au XVᵉ siècle et au XVIᵉ, les musiciens d'Avignon paraissent avoir été assez nombreux pour que ceux qui ne logeaient pas dans les chapitres et les couvents, se groupassent dans un quartier spécial aux alentours de l'église de Notre-Dame-la-Principale. Ce voisinage inspira à un hôtelier de l'époque l'idée de prendre l'enseigne des *Quatre Violons*.

« Hâtons-nous de citer quelques maîtres :

« Passant sous silence Lethbert, abbé de St-Ruf d'Avignon, au XIᵉ siècle, qui a laissé un manuscrit des *Fleurs des Psaumes*, et qui, probablement, était musicien, nous trouvons dans cette ville un toucheur d'orgues, natif de Pavie, que les Papes avaient amené à leur suite. Il se nommait Francisque Brocard de Campanino. Son existence à Avignon nous est révélée par un acte du 7 février 1348, en vertu duquel il vendit la maison qu'il possédait dans la paroisse de St-Agricol, à Nicolas de Judicis. Il dut alors aller demeurer à la rue de la *Pelisserie antique* (aujourd'hui des *Orfèvres*), où, si nous en croyons le terrier de l'évêché d'Avignon, il habitait encore en 1387. Ce qui précède doit être rapproché de cette annotation du Nécrologe de St-Sévérin à Paris : « L'an 1358, le lundi après l'Ascension, Maistre Regnault De Douy, eschollier en Theologie à Paris, et gouverneur des grandes escholles de la paroisse de St-Severin, donna à l'eglise unes bonnes orgues, et bien ordenées. » On sait que l'orgue de St-Sévérin est le premier orgue introduit à Paris. Il y avait donc des orgues à Avignon dix ans avant qu'il y en eût à Paris.

« A la fin du siècle suivant, Elzéar Genet, prêtre, plus connu sous le nom de *Carpentras*, qui était le lieu de sa naissance, était Maître de la chapelle de Léon X, et produisait un grand nombre de compositions. On cite parmi celles qui sont restées, un *Magnificat*, des *Lamentations de Jérémie*, et d'autres pièces qu'on trouve dans le recueil des œuvres de divers auteurs. Rabelais, au IVᵉ livre de Pantagruel, met *Carpentras* au nombre des musiciens les plus renommés de son temps.

Nous ne connaissons point les compositions de l'organiste l'Æschirol, ni celles du chanoine Intermet : pourtant, l'accueil enthousiaste fait à ces dernières par Louis XIII,

« M. Fétis, et, après lui, le docteur Barjavel, disent que Genet vint à Avignon vers la fin de 1521, pour y régler certaines affaires concernant le St-Siége, et qu'il retourna à Rome après la mort d'Adrien VI, arrivée en 1523. Ils ne nous disent rien de plus sur sa vie ; et de même qu'ils n'ont pas indiqué l'époque de sa naissance, ils ne nous disent pas celle de sa mort. Nous sommes en mesure d'affirmer que Genet revint à Avignon, qu'il s'y fixa, qu'il y fut doyen du Chapitre de St-Agricol, et qu'il s'y occupa tellement de musique que, le 2 janvier 1531, il traitait avec Jean de Chemay (¹), maître imprimeur d'Avignon, *pour l'impression d'ouvrages de musique.* (Actes du Secrétariat de l'Hotel-de-Ville, fol. 33 du registre de 1531.)

« On ne saurait douter qu'un homme de génie comme Genet, qui avait formé sa manière à la plus grande école qui fût alors au monde, n'ait exercé sur les écoles musicales d'Avignon une grande et légitime influence.

« Pendant le XVIᵉ siècle, on n'enseigna pas la musique seulement dans les chapelles d'Avignon, on l'enseigna encore dans les écoles laïques : le terrier de l'Archevêché nous signale, en 1547, un Claude Noguyer, *escoullier* (maître d'école), qui *enseignait les jeunes enfants aux bonnes lettres et instruments de musique.* Il demeurait dans la rue de N.-D. d'Espérance.

« En 1556, nous trouvons à Avignon un organiste nommé Michel Boneloy, qui demeurait proche le cloître de St-Pierre, dans lequel devait, un siècle plus tard, vivre et mourir Nicolas Saboly.

« En 1570, un musicien de Carpentras, Pierre Julien, publiait à Lyon, dans le format in-8°, *Le vrai chemin fort court et expedient pour apprendre à chanter toute sorte de musique,* et son ouvrage avait, en 1585, l'honneur d'une seconde édition in-folio.

« Les vieux documents nous ont conservé le nom de deux joueurs de violon qui vivaient à Avignon en 1573 : l'un, Bastien Ranchet, habitait au logis du *Cheval-Vert,* l'autre, Antoine Roge, habitait à la *Bonnetterie,* et joignait à sa profession d'artiste musicien celle de tailleur d'habits.

« Vers la fin de l'année 1574, Avignon fut le théâtre de très-remarquables solennités auxquelles la musique prit une large part : Henri III, le Roi de Navarre, le duc d'Alençon et presque tous les princes Lorrains, amenés, avec leur suite et leurs équipages, sur une flottille de plus de cent bateaux plats, débarquèrent sur les quais de cette ville, le 17 novembre. Le Roi était suivi de sa chapelle. Lorsqu'avec les principaux seigneurs de sa cour, il se fit affilier à la confrérie des Pénitents blancs, ce furent ses musiciens qui chantèrent la grand'messe. A la procession, qui eut lieu le 4 décembre suivant, le Roi partagea sa chapelle en deux chœurs, qu'il plaça, l'un auprès de la croix, et l'autre au centre de la procession ; mais les pénitents avaient leur musique à part ; et si la musique royale chanta par les rues, ce furent les Frères qui exécutèrent le *motet* dans toutes les églises où se firent les stations. L'historien des Pénitents blancs ne nous dit pas si la musique des Frères fut plus goûtée que celle du Roi ; mais le silence courtois qu'il garde à ce sujet, pourrait le faire supposer.

« A cette époque en effet, les beaux-arts, à Avignon, étaient libéralement encouragés par le Cardinal d'Armagnac, co-légat du Saint-Siége. Le chroniqueur Louis de Pérussis, en décrivant les embellissements qu'il fit faire au grand Palais, ne manque pas de nous dire : « .... Il a enrichie la grand chappelle des Papes... de bonne et suffisante chap-« pelle de musiciens, car mondit Seigneur ordinairement en tient des bons du monde à ses gages. » Un des direc-

---

(¹) On a conservé l'orthographe du registre du secrétariat; mais il n'est pas douteux que ce ne soit le même imprimeur, signalé par M. l'abbé de Massilian, sous le nom de Jehan de Channey, qui imprima à Avignon en 1508, *la maniere de enter et planter les jardins,* et en 1500, *le Girouflier aux Dames.* Cet imprimeur, que Ch. Nodier appelle l'*Elzévir d'Avignon,* paraît avoir eu aussi des presses à Lyon. (Voir, dans l'*Annuaire de Vaucluse de* 1810, la Notice de M. de Blégier sur *l'Origine de l'imprimerie à Avignon.*)

qui aimait la musique et la cultivait avec succès [1], ne témoigne-t-il pas en faveur d'une supériorité de facture et d'exécution d'ensemble, à laquelle ce monarque et les seigneurs de sa cour n'étaient pas accoutumés, en France et même à Paris?

X

Nicolas Saboly, fils de Jean Saboly et de Félise Méliorat, naquit à Monteux le 30 janvier 1614. On a vu que c'est à M. Requien que nous devons d'avoir retrouvé son

teurs de la musique de ce cardinal, fut Berenguier Buysson, chanoine de St-Félix de Carmaing, au diocèse de Toulouse. Il donna procuration, le 17 mars 1576, par-devant Louis Barrière, notaire à Avignon, pour traiter de la cession de son canonicat et présenter son remplaçant.

« On trouve encore cités dans les actes de la fin de ce siècle et du commencement du siècle suivant, quelques noms d'artistes : ce sont : Véran Arnaud, trompette, en 1595 ; Guillaume Cottier, tailleur d'habits et violoneur, en 1600 ; Pierre Marchand, organiste, en 1601 ; Jean Meinier, le vieux, joueur de violon, de 1613 à 1626. Il n'est pas superflu de citer encore un Italien fabricant de cordes de luth en 1595, lequel se nommait Pierre Petuichio.

« Au XVII⁰ siècle, la musique se popularisa encore davantage. Le Vice-Légat, la Métropole, la ville, avaient des corps de musique à leur solde ; une chapelle était organisée dans toutes les collégiales, dans les confréries même. Il n'est pas jusqu'à la Prieure du monastère de Ste-Praxède qui ne s'en mêlât : Julienne de Morell composa, vers 1650, des hymnes et des cantiques en latin et en français, que chantaient les religieuses de son couvent.

« Le goût des fêtes était alors à son apogée. On faisait, non-seulement des *entrées solennelles* aux souverains et aux princes, mais aux Cardinaux, aux Légats, aux Vice-Légats, aux Archevêques, etc., et la musique avait une large part dans la pompe de ces réceptions.

« En 1664, le Cardinal-Légat Chisi séjourna vingt jours à Avignon. Les comptes de la ville établissent qu'il fut payé à Béraud, maître de musique de St-Agricol, 45 écus et 36 sous, pour la musique de l'entrée, et autant à Lamy, pour avoir joué du violon et hautbois, avec sa bande, pendant trois ou quatre jours. Ce Lamy parait avoir été le chef de la musique ordinaire du Consulat. En 1671, un sieur Julien l'avait remplacé. Le conseil de ville tenu le 23 juin de cette année, ratifia la dépense de 24 écus qui lui avaient été payés pour lui et pour sa bande de violons et hautbois, savoir, vingt écus comme à l'ordinaire, et quatre écus pour les déjeuners des jours de l'*Ascension*, de *St-Marc*, de la *Fête-Dieu* et de la *St-Jean*.

« A la fin du XVII⁰ siècle, le foyer musical de nos pays perd de son intensité; on cherche à conjurer sa décadence par la création d'académies de musique à Avignon et à Carpentras, et par l'ouverture d'un théâtre : rien n'y peut. Paris absorbe tous les génies dans son sein : Mouret, Trial, Persuis, Berbiguier, Castil-Blaze, ne se sont pas plus tôt fait connaître qu'ils nous quittent, et ils ne reviennent pas, comme Genet, au sein de la mère-patrie, reposer leur gloire, et consoler leur vieillesse des dédains que les générations nouvelles affectent envers les maîtres qui ont fait leur temps. »

[1] On cite de Louis XIII une chanson à quatre voix : *Tu crois, ô beau soleil !* « Ce morceau est bien écrit, et l'harmonie en est pure, dit M. Fétis. » Le P. Kircher et le P. Mersenne l'ont rapporté, celui-ci dans son *Harmonie universelle*, celui-là dans sa *Musurgia universalis*. On n'ignore pas que le P. Kircher, au XVII⁰ siècle, a professé les sciences au collège des Jésuites d'Avignon.

acte de naissance dans les registres de l'état civil de Monteux. La Biographie de Michaud (article SABOLY, par M. de Fortia d'Urban, savant Vauclusien), fait naître notre auteur en 1660, et le fait mourir en 1724. Cette erreur a été reproduite par la Biographie de Beauvais.

Les parents de Nicolas étaient considérés: Jean Saboly, son père, qualifié, dans les actes, *discretus vir*, fut consul à Monteux en 1636.

Saboly commença ses études chez les Jésuites d'Avignon, et les termina au collége de Carpentras. Le registre de la congrégation de l'Annonciation, qui fait partie de la Bibliothèque Requien, mentionne la date de son affiliation à cette confrérie, le 14 mai 1638.

Alexandre Bichi, que nous avons vu prêter son palais pour la représentation d'un opéra, avait sans doute pressenti le génie musical de Saboly: il chercha à le fixer dans sa ville natale, en le nommant, le 16 avril 1633, Recteur de la chapellenie de Ste-Marie-Magdeleine, au maître-autel de la cathédrale de St-Siffrein à Carpentras. Saboly fut nommé bachelier en l'un et l'autre droit en 1658, et recommandé par l'Université d'Avignon à l'Archevêque de Narbonne et aux évêques de Nîmes et d'Uzès, à l'effet de le faire pourvoir, par l'un de ces prélats, de quelque bénéfice dévolu aux gradués: il obtint enfin la place de deuxième bénéficier [1] de l'église collégiale de St-Pierre à Avignon. C'est alors que commença à s'établir sa réputation de musicien, et qu'il écrivit ces noëls, chefs-d'œuvre de grâce et de naturel, auxquels il doit sa célébrité. Mais ce ne fut que longtemps après et dans les dernières années de sa vie qu'il prit le parti de les publier. L'on voit même, par quelques passages de sa correspondance dans le manuscrit conservé à la Bibliothèque de Carpentras, qu'en 1655, Saboly paraissait ne s'occuper de ces poésies que pour les envoyer à ses amis.

Les noëls que renferme ce manuscrit se rapportent tous à cette même année 1655; plusieurs ne sont pas achevés, mais on y reconnaît toujours la touche du maître. Un seul a vu le jour; c'est le n° 64 : *Guihaume, Tòni, Pèire...* On l'a joint à l'édition de 1704, moins la dernière strophe, que nous avons rétablie dans notre édition.

Saboly publiait ses noëls par livraisons, par petits cahiers de six, huit, douze noëls, qu'il livrait, sans nom d'auteur, à l'admiration impatiente de ses compatriotes. La Fontaine en usait ainsi pour ses fables, en se nommant toutefois. Le premier cahier de noëls parut chez Offray, imprimeur-libraire à Avignon, en 1668; sept autres le suivirent jusqu'en 1674.

[1] Alors, le premier bénéficier était le curé ; le deuxième était le maître de chapelle, organiste ; le troisième était la *haute-contre*, ou la *basse*, selon le besoin. (*Note de P. A.*)

La date du huitième et dernier recueil de Saboly (1674) annonce la mort de l'au-
eur: le 25 juillet 1675, ses chants avaient cessé. Il fut enterré dans l'église Saint-
Pierre avec honneur, *honorifice*. Voici l'épitaphe qu'on lisait sur son tombeau : J.
R. Deveras, chanoine de Saint-Pierre, la recueillit en 1750 :

DANS LE CHOEUR DE CETTE ÉGLISE

EST ENSEVELI R. P. MESSIRE NICOLAS SABOLY,

PRÊTRE, BÉNÉFICIER SOUS-DIACRE ET MAITRE DE MUSIQUE DE NOTRE CHAPITRE,

POETE PROVENÇAL DES PLUS RENOMMÉS DE SON SIÈCLE,

AUTEUR D'UN GRAND NOMBRE DE NOELS DONT ON A FAIT UNE INFINITÉ D'ÉDITIONS,

ET QUI SONT TOUJOURS REÇUS DU PUBLIC AVEC UN NOUVEAU GOUT.

IL MOURUT LE 25 JUILLET 1675, AGÉ DE 61 ANS.

IL ÉTAIT NATIF DE MONTEUX, DANS LE COMTAT-VENAISSIN, DIOCÈSE DE CARPENTRAS.

En 1699, l'imprimeur Michel Chastel, l'un des deux premiers éditeurs, reproduisit
collectivement les 62 noëls imprimés par lui et par P. Offray du vivant de Saboly.
Dans son avertissement [1], Chastel fit appel aux possesseurs des ouvrages posthumes
de Saboly, en vue d'une autre édition, qui fut, en effet, publiée en 1704. « Cet éditeur,
dit M. Castil-Blaze, s'empara de quelques pièces excellentes du même genre, que
Louis Puech, d'Aix, prieur de Buoux, près d'Apt, avait composées, telles que *Lei
Bóumian*, et *Sus! campanié, revihas-vous...* Cette spéculation d'un libraire qui veut
enrichir et grossir un volume, fit accuser de plagiat le brave Saboly, trente-neuf ans
après sa mort. Le Père Bougerel, dans son *Parnasse provençal*, les auteurs du *Dictionnaire des hommes illustres de Provence*, enregistrèrent cette méprise; et Millin,
qui l'aurait inventée s'il ne l'avait trouvée toute faite, s'empressa de tomber dans le

[1] Cet avertissement de l'Éditeur de 1699 mérite d'être cité :

« Ce n'est pas pour le peuple seul que j'ay imprimé ce Recueil des noëls composés par M. SABOLY. Je suis per-
suadé que les gens de bon goût y doivent distinguer des pièces originales, qui, quoyqu'en langue vulgaire, renferment
toutes les finesses de la poésie lyrique. On aurait peu en faire un choix où les connaisseurs les plus difficiles auroient
trouvé leur compte ; mais j'ay creu que je devois m'accommoder à l'intention de l'auteur de ces petits ouvrages, et
donner indistinctement au public tout ce qu'il avoit fait pour le réjoüir à l'occasion de la naissance du Sauveur. Je
ne me promets pas d'avoir tout ramassé : il m'est peut-être échappé des pièces qui pourront servir à augmenter une
seconde édition, si ceux qui les ont veulent bien me les fournir. J'espère cependant qu'on me sçaura bon gré d'avoir
mis ensemble ce que j'en ay recouvré, et d'avoir conservé au public de quoy se passer annuellement des rapsodies
dont il est obligé de se contenter aux fêtes de Noël, depuis la mort de M. Saboly, qui étoit, sans contredit, le bon
faiseur en cette matière. »

d

panneau. Cette erreur est peu remarquable dans le *Voyage dans les départements du Midi*, tant est nombreux le cortége de bévues dont le bonhomme Millin a su l'accompagner ! »

Quelque absurde qu'elle soit, cette erreur n'en a pas moins été dernièrement reproduite dans le *Gai saber*, journal qui s'imprimait à Aix. Comme d'autres écrivains pourraient plus tard s'y tromper encore, il convient de la réfuter sérieusement. Le lecteur nous saura gré d'avoir mis désormais à l'abri de toute contestation la légitime propriété de notre troubadour.

Disons d'abord avec M. Richard que « Puech a été contemporain de Saboly; qu'il a vécu onze ans après ce dernier; qu'il est resté longtemps prieur à Buoux, dans le diocèse d'Apt, et qu'il n'a jamais réclamé la propriété des noëls qui se chantaient tous les ans dans son prieuré. »

Étranger à Avignon, où il n'avait jamais résidé, Puech ne pouvait s'identifier avec les mœurs et les usages avignonais. Pour parler de nos rues, de nos places, de nos édifices; pour citer les principaux dignitaires du pays, et faire d'aussi fréquentes allusions aux événements politiques, ou autres, arrivés dans notre cité, il fallait évidemment un auteur qui appartint à la famille avignonaise.

Nous devons à M. Paul Achard, Archiviste du département, des notes historiques du plus haut intérêt. La lumière que ces notes répandent sur la plupart des noëls de Saboly, fera sentir, mieux que tout ce que nous pourrions dire, la valeur de ce premier argument.

Et puis, à moins d'être dépourvu du bon sens le plus vulgaire, comment supposer que Saboly, homme d'esprit, de savoir et de talent, gradué de l'Université d'Avignon, pourvu d'un honorable emploi, le premier personnage de la paroisse après le curé, se fût approprié sans plus de façon les poésies de Puech? Un tel plagiat aurait été commis, non pour une seule pièce de vers, mais pour une collection presque entière de 62 noëls, publiés successivement par cahiers de six, huit, douze noëls, chaque année, pendant sept années consécutives !... Cette piraterie se serait exercée sans interruption et sans conteste, presque à l'insu de l'auteur pillé, sans qu'aucun indice fût venu la signaler ! Les contemporains, les premiers éditeurs de Saboly ne s'en seraient pas douté ! Les Vice-Légats l'auraient sanctionnée de leurs approbations et de leurs priviléges [1],

[1] PRIVILÉGE (*imprimé à la fin du 7e cahier, publié en 1673*): « Par grâce et privilége de Monseigneur Illustrissime et Reverendissime Vice-Légat d'Avignon, il est permis à Michel Chastel, imprimeur de Sa Sainteté en la présente ville, nommé et choisi par M. Saboly, prêtre et bénéficier au chapitre St-Pierre, en suite du droit privatif et particu-

et, pour comble d'imposture, une mensongère épitaphe serait venue attribuer au geai les plumes du paon !

Que d'impossibilités à concilier, pour admettre une tardive et gratuite assertion du *Dictionnaire des hommes illustres de la Provence!*

Le P. Bougerel, d'ailleurs, n'a attribué à Puech qu'une partie des noëls ajoutés à l'édition de 1704; il ne parait pas avoir connu les cahiers parus de 1668 à 1674, qu'il ne cite même pas. Seulement il constate que les noëls de Saboly étant devenus extrêmement rares, on les fit imprimer chez Chastel en 1699; mais il n'élève aucun doute sur leur auteur.

Les éditions nombreuses qui ont paru dans le XVIIIᵉ siècle, sont toutes faites sur celle de 1704; mais avec de nombreuses altérations. Celle de 1763 se distingue des autres par sa dédicace aux consuls d'Avignon, et porte leurs armoiries.

Notre édition contient les 62 noëls publiés de 1668 à 1674, et réimprimés en 1669. Des 13 noëls ajoutés à l'édition de 1704, nous n'avons cru devoir en garder que cinq, dont la facture accuse le maître, et que la tradition lui a toujours attribués, sauf le dernier: *Sus! campanié, revihas-vous...*, dont le P. Bougerel croit que Puech est l'auteur.

Nous publierons dans un second volume les noëls éliminés, ainsi que plusieurs autres très-connus et très-populaires, de divers auteurs, tels que *Reviho-te, Nanan*, (contre les Juifs), de Bruel, prêtre, neveu de l'historien Reboulet; *Nàutrei sian tres bóumian...*, de Puech; *De matin, ai rescountra lou trin...*, de Domergue; *La vèio de Nouvè...*, *Un ange a crida...*, de Peyrol, etc.

Nicolas Folard, chanoine de Nimes, a écrit en latin une vie de Saboly [1] qui se trouve

lier, d'imprimer, faire imprimer, débiter et vendre le livre intitulé : *Nouvè nouvèu de l'an* 1672, *composés par Nicolas Saboly, prêtre, etc.* pendant le terme de six années, etc. —Donné à Avignon, au Palais Apostolique, le dix-huitième décembre 1671. — P. Arch. Theol. V. Leg. —Floren, Archiviste et Secrétaire.

PRIVILÈGE (imprimé à la fin de l'édition de 1699): « Philippe Antoine, Abbé Gvalterio, Refferendaire de l'une et l'autre signature de Nostre St-Pere le Pape, Vice-Legat et Gouverneur General en cette cité et Legation d'Avignon, et Sur-Intendant des Armes de Sa Sainteté en cet Estat ;..... par ces presentes, avons permis et permettons audit Sr Michel Chastel, imprimeur de cette ville, d'imprimer et debiter ledit livre intitulé *Recueil des Noels Provenceaux*, composés par le Sr Nicolas Saboly, Beneficier et Maistre de Musique de l'Eglise St. Pierre de cette ville, quand vivoit..... — Donné en Avignon, au Palais Apostolique, ce 29 May 1699. — Ph. A. Gvalt. Proleg. ainsi signé. — De Thovson, Secr. d'Estat et Archiviste.

[1] C'est probablement à l'occasion de l'édition dont les extraits suivants de la correspondance de M. d'Anfossy révèlent le projet, que le chanoine Folard écrivit cette biographie.

3 mars 1732. — 127ᵉ lettre. — «... Croiriez-vous qu'on fût curieux ici des noëls de Saboly? On m'en a parlé,

en manuscrit chez quelques amateurs. On peut voir encore l'article Saboly dans le Dictionnaire du docteur Barjavel, et l'intéressante notice dont M. Boudin a fait précéder son poème : *Lou soupa de Saboly*. Parmi les notes qui vont suivre, nous donnerons (noël 21) le récit de l'anecdote apocryphe si connue, qui est l'objet de cette facétie. Les épigrammes contre Cadenières et l'abbé Bibasse, trouveront aussi leur place, (noël 35).

Dans le *Dictionnaire de plain-chant*, publié récemment par notre compatriote M. J. D'Ortigue, ouvrage dont on peut considérer la publication comme l'un des plus éminents services rendus, de notre temps, à la cause de l'art religieux, on remarquera l'article NOEL, par l'abbé A. Arnaud. Il y a des détails généraux fort instructifs, fort curieux sur l'origine et l'histoire de ce genre de composition poétique [1], et il y est parlé de Saboly avec les éloges qu'il mérite.

Le noël que Saboly composa pour célébrer le passage de Louis XIV à Avignon en 1660, mis en musique par l'auteur des paroles, eut un succès immense, et fut bientôt suivi d'autres noëls d'un mérite supérieur. Ces compositions sont intraduisibles. Il faut avoir vécu parmi le peuple, avoir parlé sa langue, pour comprendre tout ce que la forme de cette poésie ajoute de saillie piquante à l'idée de l'auteur, et tout ce que l'originalité des airs lui prête de mouvement et de vie. Rien n'égale la folâtre gaîté de *Venès lèu vèire la piéucello...*, de *Un ange a fa la crido...*, de *Micoulau, noste pastre...*;

et je ne serais pas fâché de les montrer à ceux qui m'ont témoigné l'envie de les connaître. Si vous pouvez m'en envoyer un exemplaire, je vous en serai obligé. »

22 avril 1732. — 132ᵉ lettre. — «... Vous m'avez parlé d'un projet d'une nouvelle édition de Saboly, dont vous m'avez envoyé un exemplaire, duquel je vous remercie bien. Je vous exhorte à ne pas abandonner cette idée, pour l'honneur de la patrie, et de tâcher d'engager le Chanoine Folard à donner ses soins au glossaire : personne ne serait plus en état, à mon gré, de rendre un pareil ouvrage curieux et intéressant. »

4 avril 1732. — 132ᵉ lettre. — «... Ne perdez pas de vue, s'il vous plaît, l'édition de Saboly : n'avez-vous point l'espérance d'arracher quelque chose des vapeurs du Chanoine (Folard) ?»

10 décembre 1732. — 161ᵉ lettre. — «... Aux approches des fêtes, on est ici curieux de noëls : si vous pouviez encore m'en envoyer de M. Saboly, je sais gens à qui cela ferait plaisir, et que je ne serais pas fâché de contenter à si peu de frais. — (*Lettres de M. d'*ANFOSSY, *l'un des Secrétaires du Roi*, *à M. le Marquis de* CAUMONT. — *Biblioth. de M. le Comte de* LABORDE-CAUMONT.)

M. d'Anfossy était d'Avignon, où sa famille a joué un rôle important. La rue où elle avait son hôtel a conservé son nom. Nous faisons des vœux pour que l'édilité avignonaise, en rétablissant l'orthographe de ce nom, fasse disparaitre l'appellation viciée de rue d'*Amphoux*, ou *des fous*, comme disent encore un grand nombre de personnes. (*Note de P. A.*)

[1] Il y avait alors dans l'Église un merveilleux génie dramatique, plein de hardiesse et de bonhomie, souvent empreint d'une puérilité touchante... Elle (l'Église), quelquefois aussi, se faisait petite ; la grande, la docte, l'éternelle, elle bégayait avec son enfant ; elle lui traduisait l'ineffable en puériles légendes. (*Michelet*, t. 2. p. 655.)

l'espièglerie de *Nautre sian d'enfant de Cor...*, de *Diéu vous gard' noste mèstre...*; la
sensibilité de Saint Joseph, la brutalité de l'hôte dans *Hòu! de l'oustau...* — *Pièisque
l'ourguei de l'umano naturo...*, *Lorsque vous sarés malaut*, sont de vrais sermons, riches
de poésie et de pathétique éloquence; il y a d'amères satyres dans *Ourguhious plen de
magagno* et dans *Tu que cerques tei delice.* — *Li a quaucarèn que m'a fa pòu...*, *Sant
Jóusè m'a di...*, *Auprès d'aquel estable*, offrent des tableaux fantastiques d'un effet
saisissant, et *Touro louro! louro! lou gau canto!* resserre en quatre strophes le cadre
de tout un poème.

Il était réservé à un homme d'église, dit M. Arnaud, d'élever le noël provençal à
l'importance et à la popularité des écrits qui ajoutent un ornement à une littérature.
Le génie de Saboly, écrivait le P. Bougerel, se trouva si bien disposé pour ce genre
d'ouvrages, que, dès leur apparition, ses noëls firent les délices du vulgaire, et furent
généralement goûtés des gens d'esprit; on les chanta dans toutes nos provinces méridionales. Ajoutons enfin, avec M. Richard, qu'ils sont placés à bon droit au rang de
nos meilleures poésies provençales: ils respirent une naïveté gracieuse et touchante.
L'élégance n'en exclut pas le sentiment. Plusieurs portent ce cachet d'originale bonhomie que l'on remarque dans ces tableaux du moyen-âge où le peintre donnait aux
Apôtres le costume de son temps, n'oubliait pas de montrer le clocher de son village
aux alentours de Bethléem, et plaçait un rosaire aux mains de la Sainte Vierge au
moment de l'Annonciation: de même Saboly, dans ses noëls, nomme souvent la ville
d'Avignon; il y rappelle les mœurs et les coutumes de nos pères. Aussi la faveur et
l'estime qui les accueillirent n'ont-elles fait que s'accroître; aussi les Provençaux et les
Comtadins n'oublieront jamais les chants du poëte qu'ils aiment et dont ils se glori
fient; ils rediront toujours avec son ingénieux panégyriste:

> Jamai mourra,
> Toujour sara
> Saboly, Saboly!...
> Dins dous cèns an,
> Lei gènt voudran
> Saboly, Saboly!

F. Seguin.

Avignon, 1er décembre 1855.

NOËLS ET FRAGMENTS INÉDITS

DE

NICOLAS SABOLY.

I

Fau que l'envejo me passe
De rire tout moun sadou.
A l'asard qu'iéu m'enraumasse
A crida : Paro lou loup !
    Bèu fraire,
    Coumpaire,
Cridas toutes emé iéu
    Paro ! paro!
    Garo ! garo!
Veici lou Fiéu de Diéu!

Satan gagno la coulino,
Fai coume un chin escauda ;
Diéu li dono sus l'esquino,
Poudèn doune toutei crida :
    Bèu fraire....

Es dins uno cabaneto,
Ount li a ni fiò ni calèu ;
Si vous lou vesias quand teto :
Es plus poulit qu'un soulèu !
    Bèu fraire...

Uno troupo de marmaio
Qu'an passa toutes ensèn ,
An di que dessus la paio ,
Avien vist uno jacènt.
    Bèu fraire....

De matin , quatre o cinq pastre
Me soun vengu counsoula :
M'an di qu'an vist quàuqueis astre ,
E qu'un ange li a parla.
    Bèu fraire....

Quand iéu me roumpriéu lou mourre ,
Fau que li vague à moun tour.

Bouten-nous toutes à courre
Pèr arriba davans jour.
    Bèu fraire....

Quand saren près de sa maire ,
La faudra felecita ;
E pièi , sènso tarda gaire ,
Nous boutaren à canta :
    Bèu fraire,
    Coumpaire ,
Cridas toutes coume iéu :
    Paro ! paro!
    Garo ! garo!
Veici lou Fiéu de Diéu!

II

Vous tourmentés plus lou cervèu ,
Autour de l'armana nouvèu ,
Quand vesès dins lou cèu lusi de nouvèus astre :
L'Origan (1) noun a pas nouta
L'astre d'aquesto nuech : anas trouba lei pastre,
Que vous n'en diran lèu la puro verita.

Vous-autre parlas après èu
E de la luno e dóu soulèu ,
E sabès devina lei bèn e lei desastre :
Mai segur noun avès nouta

(1) *L'Origan* , l'Orient. (*Dict. d'Honnorat.*)
Il semble que Saboly fait allusion aux travaux des astronomes de l'Observatoire d'Avignon, qui, de son temps, étaient très-suivis. et faisaient en Europe une certaine sensation. Les cahiers des calculs et des observations pouvaient bien s'appeler *l'Orient.* Saboly peut aussi avoir voulu désigner l'œuvre de J. Charles Gallet, ayant pour titre : *Aurora Lavenica* (l'Orient d'Avignon), *reditus solis prænuncia , seu tabulæ revolutionum et motuum solis , demonstrantes verum ejus locum.* (Avignon, P. Offray, 1670.) — P. A.

L'astre d'aquesto nuech : anas trouba lei pastre,
Que vous n'en diran lèu la puro verita.

Elei vous diran qu'un soulèu
Ei na tandis qu'em'un calèu ,
Vous anas fueietant en toutes lei cadastre.
Se vesias ! n'avès rèn nouta
Que siegue de si bèu : anas trouba lei pastre,
Que vous n'en diran lèu la puro verita.

Vous autres , anas de tastoun
Sus vostro boulo de cartoun ,
Que fasès virouia sus sous petits encastre ;
E segur n'avès pas nouta
L'astre d'aquesto nuech : anas trouba lei pastre,
Que vous n'en diran lèu la puro verita.

Noun levés plus tan vitamen
Lei lunetos au fiermamen :
Cresès-me sènso plus faire leis óupiniastre ,
Car jamai noun avès nouta
L'astre d'aquesto nuech : anas trouba lei pastre,
Que vous n'en diran lèu la puro verita.

III

LE TRICOTTÉ. (Sic.)

Desespièi l'aubo dóu jour ,
Iéu ause dire
Qu'an vist dins aquest sejour
Lou Diéu d'amour.
Tu dises que n'en creses rèn ;
Tu sies Toumas lou mescresènt !
Fau-ti nega ce que vesèn ?

Pèr acò , de grand matin
Quand me levave ,
Ai ausi faire à Martin :
Tin-lin-tin-tin !
Fasié brusi soun chaplachòu ;
M'èro avis qu'èro vengu fou :
Tout-à-n-un-cop n'ai agu pòu!

Dison qu'aquéu bèl agnèu
Fa gau de vèire :
Trelusis coume un soulèu ,
De tan qu'es bèu !
E sa maire es à soun coustat
Que cèsso jamai de canta :
Toumas, anen lèu l'escouta.

Li dounarai pèr presènt
Moun bounet rouge ;
E pièi diren tous ensèn
A la jacènt
Que sènso gaire proulounga ,
Lou fasse un pau mai alarga
Pèr Moussu lou Vice-Legat. [1]

Se voulès , lou pourtarai
Dins l'Amirando , [2]
E premié l'estrugarai
Dins soun palai.
Bon Diéu , tout empli de bounta ,
Segur a proum bèn merita
Aquelo liberalita.

IV

Iéu siéu Toumas , mai sariéu redicule
Se pèr moun noum ère trop incredule
Dei nouvèuta qu'un ange nous publico
D'uno façoun que n'a gin de replico.

Nous avertis que , dins uno cabano,
Diéu es vengu , tandis que la lugano
Trelusissié dins l'empèri deis astre....
Aquéu discours, l'a fach en proum de pastre.

Aussi leis un , sènso cerca d'escuso
An pres tambour , fifres e cornamuso ,
E van canta d'uno memo armounìo ;
Nouvè ! Nouvè ! pèr l'amour de Mario !

N'i'a proum tambèn qu'an bouta dins sei biasso
D'iòu, de nougat , de nose, de fougasso ,
De brassadèu , de ris e de castagno,
Pèr rejoui l'enfant e sei coumpagno.

V

La naturo e lou pecat
Soun pire que chin e cat :
Fan toujour la guerro ensèn ;

[1] Saboly revient à l'éloge du Vice-Légat Lomellini, et demande pour lui la barrette de cardinal , qu'il lui a prédite ailleurs.
[2] L'Amirande était l'appartement ordinaire des Vice-Légats dont les fenêtres regardaient le levant. Ce nom vient de *miranda*, à cause de la beauté des appartements, et surtout de l'admirable perspective qui s'ouvrait devant leurs croisées.

Mai pèr fini sa disputo,
Sus la terro Diéu descènd.

Helas ! erian tous bandis
Dóu benurous Paradis,
Pèr la fauto d'un groumand.
Vounte Satan nous troubavo,
Nous menavo pèr la man.
    Variante:
Belzebut e Satanas
An agu dessus lou nas.
Pèr la fauto d'un groumand,
Pertout mounte nous troubavon,
Nous menavon pèr la man.

Diéu, tout plen de carita,
S'es mes de noste coustat;
E pèr venja noste afront,
A Satan fè talo choco,
Que n'a lei banos au front.

Dins un lio tout descubert,
Au plus rude de l'ivèr,
Quand jalo à gouto pendènt,
Diéu fai vèire que pèr l'ome
A-v-un amour tout ardènt.

Urous nautre, ah ! bèn urous,
Que Diéu tan siegue amourous !
Beni siegue lou moumen
Que la Vierge benurado
A fa soun acouchamen !

Anen vèire tous ensèn
Aquelo bello jacènt,
Qu'a fa noste Redentour,
Anen-li tous de coumpagno
Pèr li douna lou bonjour.

———

VI

Air : *Doibs-je vous aymer, Sylvie ?*

Viras, viras de carriero,
Bèu soulèu, paire dóu jour :
N'acabés pas voste tour.
L'aubo, vosto messagiero,
Emé soun ten argentin,
Vous dira quinto lumiero
Elo a vist de bon matin.....

Cresès-me, viras lèu brido;

Escoundès vòstei pèu rous,
N'avèn plus besoun de vous ;
Anue, dins uno bastido....
. . . .

E vous, poulido lugano,
Que tan lusissès en aut,
Escoundès voste fanau :
Diéu tèn, dins uno cabano,
Tout soun esclat ouscurci :
D'uno d'aquéstei semano,
Noun pareigués plus eici.

E vous, belleis esteleto,
Que si fort trelusissès,
Sabèn que lou couneissès,
Aquéu bèu Rèi dei planeto !
Quand coumenço de teta,
Deis ius e de sei maneto
Fai semblans de vous couta.

Nivoulas, nivo, niveto,
Qu'estendès toutei lei jour
Un satin de cènt coulour, —
S'erias un pau plus caudeto,
Voudrian bèn vous envita,
Que quand Diéu fai lei tacheto,
Venguessias pèr l'acata.

Terro, que vous sias urouso !
Vosto glòri me ravis !
Prenès vóstrei bèus abis ;
E pièisqu'un Diéu vous espouso,
Flourissès lèu voste ivèr !
Pèr parèisse mai jouiouso,
Vestissès voste àbi vert.

———

VII

Sian eici dous enfant de cor.
  Pièisqu'ansin se rescontro,
Bourtoumiéu, fasen un acord:
Iéu sarai l'auto-contro.
Iéu vole canta lou dessus....

. . . .
— Vous-àutrei, parlas amoundaut
Coume un troupèu d'agasso....
. . . .

e

Ai ! ai ! ai ! la bono replico !
Certo , n'ai pas jamai ausi talo musico !
Pièisque tout nous vèn à souvèt,
Canten , cantèn , canten Nouvè ,
Nouvè , Nouvè , Nouvè , Nouvè!
Pièisque tout nous vèn à souvèt.

Helas ! dounas-nous lèu lou toun ,
Fasès , Moussu lou mèstre ,
—Bon Diéu ! que tu me sies fistoun !
Lou devriés pas tan èstre.
Tèiso-te ,
Tu sies un patet !.....
Estudien bèn aquest moutet....

. . . .

VIII

Bourtoumiéu , me vos-tu crèire ?
Sènso dire ai ni oi !
Mounto toun chivau de boi; (1)
Vène lèu', si tu vos vèire
Ce que n'as jamai ausi.
Vole pas te faire crèire
De conte fach à plesi.

Fagues pas l'auriho sourdo ,
Despacho-te vitamen ;
N'óublides pas la coucourdo ,
Qu'es un tan bon estrumen!....

. . . .

Fagues pas l'auriho sourdo ,
Pren toun bounet e ta bourdo ,
Toun caban tout plen de flo ,
Ta centuro e teis esclop......

. . . .

Chascun es deja pèr orto ,
Tout lou mounde es enfesta
Pèr aquesto nouvèuta ;
A la fin l'istòri porto
Que Diéu vèn dóu Paradis
Pèr nous n'en druvi la porto ,
Car n'erian toutei bandis.

(1) *Mounto toun chivau de boi* , doit signifier ici : *Chausse tes sabots* , comme on dit proverbialement : *Monter dans la voiture de Saint Crépin* , pour dire : *Mettre ses souliers.*
J. R.

IX

Enfin Diéu es vengu! anas crida pèr Jogo : (1)
La sinagogo
Es arribado vers sa fin !
Vostro lèi n'a plus ges de vogo :
Foro lèi macassè , leis *astre* , lèi babin ! (2)
Tout ce qu'an predi lei profèto
Arribo en aquest jour :
Diéu rènd , dins sei counquèto ,
Toutei lei figuro coumplèto.
Ai ! quint amour ! ai ! quint amour !

. . . .

E bèn! que dirés-vous pèr cubri vosto ruso,
Vósteis escuso
Courdurado emé de fléu blanc ?
Se voste rabin vous amuso ,
Bessai meritarié d'avé lou mourre en sang , (3)
Car ce qu'an predi lei profèto ,
Arribo... , etc.

Anas , pàurei bestiau ! anas auprès de l'ase :
Noun vous desplase ,
Meritas pas aquel oumour ,
Que d'un cop de pèd vous descrase ,
Se noun recouneissès Jèsu, Nostre-Segnour;
Car ce qu'an predi lei profèto ,
Arribo... , etc.

. . . . Sufis que jités uno uiado
Sus l'Acouchado ,
Pèr recounèisse soun garçoun :
Anas-li dounc , troupo oustinado ;
Aqui dous animau vous faran la leiçoun ;
Car ce qu'an predi lei profèto ,
Arribo... , etc.

(1) *Jogo*, à Avignon, désignait le lieu où les Juifs se réunissaient. On ne trouve pas ce mot dans Honnorat , qui nous dit que *Sinagogo* est l'assemblée même des Juifs.
(2) Termes injurieux employés par le peuple contre les Juifs.
(3) Allusion au *droit de barbe* , anciennement conféré à la basoche d'Avignon contre les Juifs trouvés dans la ville sans l'insigne jaune qui devait les faire reconnaître : il consistait à les raser publiquement sur la place St-Pierre ; ce qui ne se faisait pas ordinairement sans entamer quelque peu la peau. P. A.

X

LES MARIONNETTES. (Sic.)

Se li a quaucun que doute
Dei secrèt de l'encian testamen ,
Pèr pau qu'aquéu m'escoute ,
Sourtira de soun avuglamen :
Tout ce qu'an predi lei proféto
Es tout dedins la verita
Nouta !
Aro toutei vesèn la piéucello
Sènso candèlo ,
Qu'à sa mamello
Au Messìo dono à teta.

Quitas vosto umour rogo ,
Venès lèu , vièi dóutour e rabin ,
Leissas la sinagogo ;
Cresès-me , sias toutei de babin ,
N'esperés plus voste Messìo ,
Amoussas lèu vòstei fanau ,
Badau !
Tenès ! vesès sènso luneto
L'enfant que teto
La piéuceleto ,
Au mitan de dous animau.....

. . . .

XI

— Bonjour , bonjour , bello bregado !
Vounte anas-vous tan de matin ?

— Anen pèr vèire l'acouchado
Qu'a fach un enfant tout divin.

. . . .

— Vounte es lou sejour amirable
D'aquel enfant , disès vounte èi ?

— Soun sejour es dins un estable :
N'es-ti pas bèn loujat en rèi ?

— Quau lou nourris e quau l'abiho ?
Quau a soin de sa majesta ?

— Se nourris dóu la d'uno fiho ,
S'abiho de sa nudita.

— Fasès-m'un pau quaucò pinturo
D'aquéu miraculous enfant.

— Li a rèn de tau dins la naturo ,
Ni dins ce que leis ome fan.

— Anen , anen ! fau que l'amire :
Vous dirai lèu ce que sara.

— Autanbèn , poudèn plus rèn dire ,
Que de dire de l'adoura.

XII

Un maset plen d'aragnado ,
D'escoubihos e de fèn ,
Es lou palais vounte vèn ;
E lei premieros aubado
Que recéu dins aquéu lio ,
Noun soun que lei fredounado
D'un ase que fai *hi ! ho !*

. . . .

Auriéu tan de causo à dire
Que n'auriéu jamai feni ,
Si vouliéu t'entreteni.
Sufis bèn que leis amire ,
Pulèu que de lei counta.
Adióusias , iéu me retire :
Siéu sadou de tan canta.

. . . .

XIII

. . . .

Quinto bugado
Avié fa noste paire Adam !
Se Diéu noun l'aguèsse lavado ,
Erian bèn sènso linge blanc.
Quinto bugado !.....

_____

Tous les Noëls et fragments qui précèdent , sont tirés du manuscrit de Carpentras. Le morceau suivant fait partie des Noëls ajoutés à l'édition de 1704. N'ayant pu en trouver l'air , nous avons préféré le placer ici :

Noun vous amusés en cansoun ,
Anas lèu vèire l'Acouchado ;
Quand bèn la luno es pas levado ,
Veirés proun soun pichot garçoun.

Pèr lou vèire, n'en prengués pas,
Ni lou calèu, ni la candèlo:
Es tout lusènt coume uno estello,
Quand n'en sarias à cinq cènt pas!

Hola! vesès lou pau de sen;
De noste gros palot de pastre:
Cresié qu'èro quauque desastre,
Que lou fio s'èro mes au fen.

Es vengu 'u mas, tout trevira,
Em'un pan e demi de gulo:
— D'aigo! d'aigo! lou fen se brulo!
E vague de tira ferrat!

Entorno-t-en, paure innoucènt!
La clarta qu'as vist dins l'estable,
N'es que lou raioun amirable
D'un Diéu que sus terro descènd!

Parmi ces noëls et ces fragments inédits trouvés dans le manuscrit de Carpentras, le noël inachevé qui porte le numéro VI est d'autant plus remarquable, qu'on n'en rencontre aucun, dans les œuvres du maître, qui ait cette couleur, et, à la fois, tant de grâce et tant d'élévation. Nous ne sommes pas étonné que Saboly ait peu fait de noëls de ce genre, qu'il n'ait pas même achevé celui que nous signalons à l'attention de nos lecteurs: le public spécial auquel il s'adressait, n'aurait que médiocrement goûté tout ce que nous trouvons là de délicatesse et de grandeur: il lui fallait quelque chose de plus joyeux et de plus simple: *Venès lèu...*, *Micoulau*, *noste pastre...*, *Sant Jóusè m'a di...*, *Pastre, pastresso...*, *Lei pastro fan fèsto...*, *Viven urous e countènt...*, et tant d'autres chants si bien faits pour le peuple, que le peuple, après bientôt deux siècles, ne les a pas oubliés. J. R.

NOTES

N. B. Nous avons indiqué par leurs lettres initiales les noms des auteurs à qui nous devons les notes suivantes: P. A. désigne PAUL ACHARD, archiviste du département de Vaucluse ; F. M., FRÉDÉRIC MISTRAL ; J. R., JOSEPH ROUMANILLE. Les notes lexicologiques ou étymologiques non signées, sont presque toutes tirées du *Dictionnaire provençal* d'Honnorat, ou de celui de Sauvages.

Les noëls sont classés dans l'ordre de leur publication. Le premier vers de chaque noël est suivi des indications d'airs et autres, données par Saboly dans la première édition.

Les airs du Recueil sont arrangés de telle sorte, que la mélodie ou le chant est toujours représenté par la note supérieure de la main droite. Si l'on accompagne la voix, le pianiste pourra même abandonner le chant, pour ne faire entendre que la basse et les parties intermédiaires. Tels qu'ils sont arrangés, ces airs pourront encore être exécutés sur l'orgue en guise de versets, selon l'usage des organistes dans la Quarantaine de Noël. — Nous avons cru devoir indiquer ici par un numéro du métronome de Maëlzel, le mouvement qui nous a paru convenir le mieux au caractère de chaque air.

On rencontrera souvent dans la musique le signe +. Ce signe indique un ornement du chant : on devra l'exécuter de la manière suivante :　　exécution

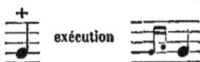

NOUVÈ I. —Iéu ai vist lou Piemount.... — *Coumpousa l'an 1660, après lou mariage de Louis XIV.* — AIR composé par Saboly. — [♩ 56 — *bis* ♪ 108]

2ᵉ strophe : Quand noste Rèi Louïs...

Louis XIV fit son entrée à Avignon le 19 mars 1660. Dès le 3 novembre 1658, le conseil de ville avait délibéré de faire à ce monarque *une belle et magnifique entrée*, et avait donné pouvoir aux consuls et aux députés du clergé et de l'Université , d'emprunter telle somme d'argent qu'ils jugeraient à propos pour subvenir à la dépense de cette fête.

Le Roi et la Reine assistèrent aux offices religieux dans plusieurs églises, et plus particulièrement à Notre-Dame. Le dimanche avant Pâques, le Roi assista, à la Métropole, à la bénédiction des Rameaux, et suivit la procession qui se fit ensuite sur la plate-forme. Le jeudi saint, ce monarque, assisté des ducs de Guise et de Créqui , lava les pieds à treize pauvres hommes, dans la grande salle du Palais ; en même temps, la Reine lavait , dans la salle basse de l'Archevéché , les pieds à treize pauvres filles.

Le jour de Pâques, Louis XIV, après avoir communié à la messe qu'il entendit aux Cordeliers, toucha dans les cloîtres environ 800 malades. Il avait déjà touché en particulier quelques personnes de condition. Le lendemain , 29 mars , dans l'après-midi , il fit évoluer ses mousquetaires sur la place de l'Archevêché. C'est à cette revue, ou peut-être en étant d'escorte, qu'un brigadier des chevaulégers de Sa Sainteté tomba avec son cheval dans une cave, et ne put jamais en sortir. Mˡˡᵉ de Montpensier relate ce fait dans ses Mémoires , et s'en divertit beaucoup aux dépens de la milice de la Vice-Légation.　　P. A.

4ᵉ strophe : E l'Espagno...

Allusion au traité des Pyrénées, fait en 1659.　　P. A.

4ᵉ strophe : Pèr Calèndo...

Chascun pauso cachafiò...

Comme le 25 décembre était le plus remarquable des huit jours avant les calendes (*octavo ante calendas*), nos ancêtres , devenus Chrétiens, conservèrent le nom de *calendas* à ce jour, pour désigner la fête de Noël....

On entend par *pausa cachafiò*, fêter la veille de Noël. *Cachafiò* , bûche de Noël : on nomme ainsi, en Provence, une grosse bûche qu'on met au feu le soir de la veille de Noël, après trois libations avec du vin , en disant :

Alègre , Diéu nous alègre !
Cachafiò vèn.
Diéu nous fague la gràci de vèire l'an que vèn!
Se sian pas mai , que fuguen pas men.

Cette cérémonie ne se pratique plus guère ; mais on met encore, dans bien des localités, la bûche au feu pendant que l'on fait la collation. C'est un reste de l'ancien usage par lequel on allumait le feu, à l'époque du renouvellement de l'année , au solstice d'hiver. Un enfant et un vieillard devaient porter la bûche , parce que l'un représente l'année qui commence , et l'autre celle qui finit. (*Honnorat, Dict. provençal*, art. CACHAFUEC.)

Saboly a écrit *Bethleem* , mais nous avons dû écrire *Betelèn*, parce que, dans toutes les langues populaires, comme l'espagnol, le provençal, etc. on a la coutume de nationaliser les mots étrangers ; et chaque nation les approprie à son gosier, à son oreille, à son génie: *Belem*, disent les Portugais ; *Belen* , disent les Espagnols ; *Betelemme*, disent les Italiens : il serait donc mauvais d'écrire en provençal *Bethleem*, parce qu'il est impossible que le peuple de Provence puisse articuler ces trois consonnes consécutives. D'ailleurs, c'est *Betelèn*, et non *Bethleem*, que l'on dit partout, tant en Provence que dans le Comtat. **F. M.**

Rampau, en roman *Rampalm*, signifie proprement *rameau de palmier*. Il signifie aujourd'hui toute sorte de branches qu'on porte à l'église, le dimanche des Rameaux. Il s'applique encore à des girandoles de fruits confits, de fleurs artificielles et de feuillage de clinquant, que les petits enfants portent et font bénir à cette fête. Par extension, *Rampau* veut dire aussi le dimanche des Rameaux. **F. M.**

Gau, joie. Le vieux poëte latin Ennius emploie le mot *gau* pour *gaudium*.

―――――

NOUVÈ II. — Bon Diéu ! la grand clarta !... — AIR composé par Saboly. — [♪ 54]

Lou jas es tout badiéu, la bergerie est tout ouverte, toute béante.

―――――

NOUVÈ III. — Micoulau noste pastre... — **AIR** : *Nicolas va voir Jeanne.*— [♪ 108 — *bis* ♪ 72 — *ter* ♪ 100]

8ᵉ *strophe* : Tòuto pagara la sau.

Allusion aux agitations de cette époque, sur lesquelles notre poëte revient souvent. Il donne aux gens du peuple le conseil fort sage de ne pas y prendre part ; car de quelque manière que tournent les affaires, leurs charges ne seront pas amoindries. Il faut louer Saboly de borner là sa moralité. La Fontaine est allé plus loin, et a posé ce dangereux aphorisme :

Notre ennemi, c'est notre maître. **P. A.**

L'édition de 1699, et toutes celles qui ont suivi, portent en note : « Cet endroit regardait quelque affaire particulière arrivée dans ce temps-là. »

Les premières éditions portent : *Tout ou pagara la sau ;* plus tard, on a mis *toujou pagaras la sau.* Nous devons à M. Mistral d'avoir rétabli le vrai mot *tòuto*, qui signifie *taille, impôt. Tòuto pagara la sau*, le sel paiera l'impôt.

Flassado, couverture de laine ; de *flassata*, *quasi filassata* (basse latinité.) — *Cabau*, manteau de drap fort, pourvu d'un capuchon. — *Jargau*, habit de grosse toile. — *Barrau*, petit tonneau de transport, muni d'un gouleau, dans lequel les bergers en voyage transportent le vin qui leur est nécessaire.

Calendau, large pain, divisé par une entaille cruciale, et qui figure sur la table de Noël. On en donne le premier morceau à un pauvre. C'est aussi la ration de pain donnée à un berger pour le temps qu'il passe hors de sa cabane pendant la journée. **F. M.**

―――――

NOUVÈ IV. — Ai quouro tournara lou têms, bregado ?... — **AIR** : *Quand reviendra-t-il le temps*, etc. — [♪ 84]

Bregado, compagnie de bergers. — *Jacènt*, l'accouchée ; du latin *jacere*. — *Calado*, pavé ; du grec χαλιξ, caillou. — *Regalado*, présent offert à un roi ; du latin *regalis*, royal.

―――――

NOUVÈ V. — *Li a proun de gènt que van en roumavage...*

AIR : *Touleronton ton.* — [♪ 92 — *bis* ♪ 104 — *ter* ♪ 104 — *quater* ♪ 100]

Le provençal proprement dit se divise en deux dialectes principaux, celui de la vallée du Rhône, ou de la plaine, et celui de la partie montagneuse de la Provence (Marseille, Aix, Apt, Digne, Toulon, etc. etc.)

Dans le premier, on emploie généralement les articles *li*, *di*, *i*, et le pronom *i* ou *ie* (*ie diguère*), qui dérive du pronom latin *ei*, à lui : *i* est la forme usitée dans les poésies romanes.

Dans le second, on emploie les articles *lei*, *dei*, *ei*, et le pronom *li* (*li diguère*), qui dérive aussi du latin *illi*, à lui.

Saboly, né à Monteux, non loin du Ventoux, c'est-à-dire sur la limite de ces deux dialectes, se sert des idiotismes de l'un et de l'autre ; et le double fait de sa naissance à Monteux et de sa vie passée à Avignon, explique pourquoi, aux désinences particulières au dialecte du Rhône, il mêle quelquefois celles du dialecte montagnard. **F. M.**

Sènso me rancura, sans me plaindre.

Pata, menue monnaie de billon. Sept *patas* valaient *un sou*, cinq centimes de notre monnaie. Il est encore question du *pata* au noël 15. M. Requien faisait observer, à l'encontre de ceux qui veulent attribuer les noëls de Saboly, que le *pata* n'était pas usité à Aix.

La leçon originale *tapoutarai*, n'avait pas été suivie dans les réimpressions : on y trouve les mots *rapoutarai, rapourtarai, retaparai*, qui n'offrent pas de sens. C'est un exemple des nombreuses altérations par lesquelles on avait défiguré notre auteur.

―――――

NOUVÈ VI. — Un pau après lei tempouro.... — **AIR** : *L'autre jour, dans sa colère.* — [♪ 100]

Lei tempouro, les saisons, les quatre-temps. — *Uiéu*, éclair ; du grec ηλιος. — *S'abrivo*, s'empresse.

―――――

NOUVÈ VII. — Ça ! menen rejouïssènço...— **AIR** : *Quand vous serez*, etc. — [♪ 60 — *bis* ♪ 56]

2ᵉ *strophe* : Erian dins un grand desordre...

Ce noël fait allusion aux séditions et aux luttes sanglantes qui, de 1652 à 1663, se succédèrent à Avignon avec quelques intervalles de tranquillité, et qui venaient de se terminer par des exécutions et des proscriptions déplorables. Elles sont connues dans l'histoire sous le nom de *Fronde avignonaise*, ou luttes des *Pévoulins* et des *Pessugaux*.

5ᵉ strophe : Noste bon Papo Clement...

L'élection de Jules de Rospigliosi à la papauté, sous le nom de Clément IX, faite le 20 juin 1667, donna aux Avignonais l'espoir d'une amnistie. Le 6 septembre 1667, on célébra à Avignon l'exaltation du pape par des fêtes et un feu d'artifice dont les clartés illuminèrent un temple allégorique de la *Clémence*. La ville fit imprimer chez Michel Chastel la description de ce feu d'artifice, ornée de la gravure du temple de la Clémence. Les lignes suivantes, qu'on lit à la 5ᵉ page de ce compte rendu, ne laissent aucun doute sur le but de l'allusion : « Sa volonté (du Pape) changera sans doute nos peines en grâces, le triste exil de nos concitoyens en un agréable retour, leur condamnation en d'heureux suffrages, et rendra ses fidèles sujets à leurs biens, à leurs enfants et à leur chère patrie. » P. A.

NOUVÈ VIII. — Viven urous e countènt...— Air : *Vivons heureux et contents.* — [♪• 69]

Ce noël fait allusion aux mêmes luttes dont il est parlé au noël précédent. On remarquera l'analogie qui existe entre ce noël et le fragment inédit que nous avons déjà donné. (Nº XIII.)

Lou bon toustèms. Toustèms veut dire : toujours, éternellement, dans *tous les temps. Lou sant toustèms t'avèngue !* signifie donc : Qu'il t'advienne la vie éternelle des Saints ! *Lou mau toustèms te prengue !* signifie : Puisses-tu subir une éternité de maux ! F. M.
Bugado lessive ; du celtique , *bugad*.

NOUVÈ IX. — Pèr noun langui long dón camin.... — Air : *Allant au marché ce matin.* — [♪ 76 — bis ♪• 92 — ter ♪• 96]

La pousseto, le scin. — *Casseto*, petit poêlon de laiton. — *Fai lei tacheto*, grelotte du froid. — *Sinso*, linge charbonné servant au même usage que l'amadou. — *Lei brouqueto*, les allumettes. — *Saumeto*, petite ânesse.

NOUVÈ X. — Ai ! la bono fourtuno.... Air : *Montalay n'est pas fière.* — [♪ 144 — bis ♪ 100]

Bon driho, de bons réjouis. — *Pinedo*, bois de pins. *Biasso*, besace, ou sac de cuir dans lequel les bergers portent leur pain et leurs provisions.
Coutau, coteau ; du latin *cos , cotis*, rocher.
Casteja, on *encasta*, enfermer dans un petit parc nommé *cast* (de *castrum*) et formé de claies contiguës.

NOUVÈ XI.—Pièisque l'ourguei de l'umano naturo...— Air composé par Saboly. — [♪• 60 — bis ♪ 112]

NOUVÈ XII. — Venès lèu vèire la piéucello. — Air : *Qu'ils sont doux, bouteille jolie!* — [♪• 80]

Ce noël est celui qui termine le premier cahier de 12 noëls, publié en 1668 chez Pierre Offray, à la Place St-Didier. (28 pag. petit in-12.)

Nous avons parlé, dans notre Introduction, de l'air de ce noël, tiré de la comédie de Molière, *le Médecin malgré lui*, représentée pour la première fois le 9 août 1666.

Voici cet air tel qu'on le chante aujourd'hui au Théâtre Français :

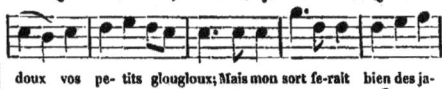

Voici le même air tel qu'il a été copié sur un recueil imprimé de la Bibliothèque de M. Delsarte, à Paris :

Poudès jamai teni sesiho, vous ne sauriez tenir au siège ; du roman *scsilha*, petit siège , c'est-à-dire, vous ne pouvez rester tranquilles.
Marchas tan pu siau, marchez plus silencieusement ; du grec σιγάω, se taire.

On trouve, dans plusieurs éditions, *pichot* au lieu de *petit*. *Petit*, qui est souvent dans Saboly, n'est pas un barbarisme : **Es' il voletz entendre li grand e li petit.** (*Chron. des Albigeois.*) F. M.

NOUVÈ XIII. — Ai proun couneigu.... — Air : *Pargai, puis qu'enfin.* — [♪ 152]

5ᵉ *strophe* : Se dones d'argènt.

Saboly, qui a fait dans ses noëls de si fréquentes allusions aux séditions dites des *Pevoulins* et des *Pessugaux*, semble attaquer ici le Vice-Légat Gaspard de Lascaris, dont l'administration avait cessé au mois de septembre 1664. Cet administrateur s'était rendu odieux à toutes les classes de la population ; on l'accusait d'avarice et de cupidité ; on lui imputait d'avoir fait fabriquer des *patars*, et de remplacer avec cette monnaie avilie les pièces d'or et d'argent qu'il enfouissait dans son trésor.

C'est ce même Vice-Légat qui montra tant de fermeté quand Louis XIV fit occuper Avignon, qui refusa de congédier la garnison italienne, et qui, malgré la désertion de cette troupe et la haine de la populace, ne quitta pas le Palais. Il occupa encore, mais peu de temps, la Vice-Légation, quand l'occupation française eut cessé. P. A.

Fus lou paro-garo, tu cherches à donner des alertes. *N'es pas de requisto*, n'est pas recherchée : on connaît le proverbe : *Filho pau visto, Filho requisto.*

NOUVÈ XIV. — Chut ! teisas-vous : m'es avis qu'ause uno voues.... — Sur l'air de l'écho. — (Bruit lointain de trompettes. Les bergers. Un ange. — [♪ 108, *tararo* : ♪ 160]

Tararo poun poun! onomatopée du son de la trompette. *Aulo!* allons ! interjection qui marque l'encouragement.

NOUVÈ XV. — Ourgulhious plen de magagno.... — Air : *Tircis caressait Chimène.* — (Exhortations aux pécheurs.) — [♪ 84 *bis* ♪ 92]

Plusieurs éditeurs ont remplacé *mauvai* par *movè*, ou par *marrit. Mauvai* se disait encore du temps de Saboly. C'est le *mauvais* du vieux provençal, le *malvaggio* des Italiens. F. M.

NOUVÈ XVI. — Diéu vous gard', noste mèstre.... — *Dialogo dóu mèstre e dóu pastre.* — Air : *Ce n'est qu'un badinage.* — [♪ 84]

3ᵉ *strophe* : D'ourdinàri lou salàri...

« Famuli usque ad finem conventi temporis inservire debent sub pœna amissionis mercedis. » *(Statuts d'Avignon, liv. 1, titre 31, art. 3.)* P. A.

Bourlo, bourde, sornette ; en espagnol et en italien, *burla*. — *Chourlo*, aide-valet ; jeune garçon qui lie les gerbes, et qui verse à boire aux moissonneurs.

NOUVÈ XVII. — Vers lou pourtau Sant-Laze.... — Air *Il faut pour Endremonde.* — [♪ 80]

Cet air est du très-petit nombre de ceux que nous avons trouvés sur la désignation donnée par Saboly. (Voir *La Clef des chants*. 1717. tome 1.)

Sant-Laze, Saint-Lazare, une des portes d'Avignon.

NOUVÈ XVIII. — Helas ! qu'noun aurié pieta.... — Sur un air nouveau, composé par Saboly. — [♪ 72]

Les noëls 13 à 18 forment le deuxième cahier des noëls publiés en 1669 chez Pierre Offray, à la Place St-Didier, petit in-12 de 18 pages.

Lou bon Segne-grand, le bon vieux grand-père. *Segne*, du latin *senex*, vieillard, titre de respect qui signifiait aussi *Seigneur, Sire.* *Loujas*, pour *lonja*, logés. Ici, et dans quelques autres endroits, Saboly, pressé par les exigences de la rime ou de la mesure, met un *s* au pluriel, contrairement à l'usage des deux dialectes provençaux. Mais c'est exceptionnel chez lui, comme on peut s'en convaincre par la lecture de la généralité de ses noëls. F. M.

Nous ferons remarquer (noël 26) que Saboly écrivait *cue, nue*. La conséquence de l'adoption de cette forme orthographique, eût été d'écrire aussi *fue, nue;* mais il est bon d'observer que notre auteur a toujours écrit et prononcé *fio* et *lio*, et que jamais une de ces rimes ne se trouve accouplée avec *cue, nue, ue*, etc. On verra, au contraire, aux noëls 51, 58, 64, comme à la 4ᵉ strophe de celui-ci, *lio* rimer avec *fio*. C'est encore un caractère du dialecte mixte suivi par Saboly. F. M.

Fusto, bois ; du celtique *fusta*, ou du latin *fustis*. — *Travet*, solive ; du latin *trabs*. — *Paret*, mur ; du latin *paries*. — *Pèr l'amaga*, pour le réchauffer ; de l'hébreu *aggar*. — *Pedas*, lange ; du grec πεδιον, qui convient aux enfants. — *Assoula*, consoler ; du latin *solatium*. — *Laire*, larron.

NOUVÈ XIX. — Li a quaucarèn que m'a fa pòu... — Air : *Un a béau faire des sermens.* — [♪ 84 *bis* ♪ 68]

Quantecant, tout aussitôt. Dans le vieux français, on trouve aussi *quant-et-quant* dans le même sens. *Daio*, faux ; du celtique *dalh*. — *Brus d'abiho*, ruche d'abeilles ; du celtique *bruc*. — *Eigagno*, rosée.

NOUVÈ XX. — L'Ange qu'a pourta la nouvello... — Sur l'air d'un menuet. — [♪ 60 *bis* ♪ 100]

Paires. — Nous lisons *lei pères* et *lei pèros* dans les premières éditions. Ayant partout trouvé, dans Saboly, partout excepté là, *paire*, *fraire* (en français *père*, *frère*), nous avons cru devoir corriger ce gallicisme, et imprimer *lei paire*. C'est là encore mettre notre auteur d'accord avec lui-même.　　　　　　　　　　　　　　　　　　J. R.

Dèute. — Les corrupteurs de l'orthographe provençale ont maintes fois oublié, quant à ce qui concerne l'*èu*, diphthongue, de mettre, entre l'*e* et l'*u*, l'*o* qui constitue la corruption. Je trouve dans l'édition de F. J. Domergue (1763) l'*èu*, ou l'*éu* primitif : *Me sièu plega...*, pag. 48.—*Lei tièu soun bèn plus jouly...*, 106. — *Vesièu bèn sènso luneto...*, pag. 61. — *Li dèu veni tres rèi...*, pag. 20. — *Lou capèu bas...*, pag. 34. etc.

On a déjà lu, dans l'Introduction de ce livre, que la diphthongue *èu*, cette prétendue innovation de l'auteur des *Margarideto*, se trouve très-fréquemment dans le manuscrit de Carpentras : *soulèu*, *calèu...* et non *souléou* ou *souléo*.　J. R.

NOUVÈ XXI. — Nàutre sian d'enfant de Cor.... — AIR : *Du Traquenard.* — [♪ 60]

2ᵉ *strophe* : Lou bèu jour deis Innoucènt...

C'était aux fêtes de Noël, le jour des Innocents, le jour de la Circoncision, ou enfin celui des Rois, que s'élisaient les *Abbés de la basoche*, *de la jeunesse*, *ou de l'abbaye mal gouvernée*. On célébrait en ces jours la fête des fous, ou celle des ânes, et les enfants de chœur avaient, dans les églises qu'ils desservaient, droit d'insolence et d'espiéglerie.

En 1671, les enfants de chœur de la Sainte-Chapelle à Paris, prétendaient encore commander le jour des Saints Innocents, et occupaient les premières stalles, avec la chape et le bâton cantoral. (*Morand, Hist. de la Sainte-Chapelle*, p. 222.)

A Bayeux, le jour des Innocents, les enfants de chœur, ayant à leur tête un évêque enfant qui officiait, occupaient les stalles hautes, et les chanoines, les basses. (*Hermant, Hist. du diocèse de Bayeux.*)　　　P. A.

3ᵉ *strophe* : Ei carriero
Coustumiero...

Les places et les carrefours de la ville où devaient avoir lieu les publications, n'étaient point laissés à l'arbitraire du crieur public : ils se trouvent soigneusement désignés, au nombre de 28, dans l'article V de la 14ᵉ rubrique des Statuts d'Avignon.

6ᵉ *strophe* : Que clerc sian e clerc saren.

Ce dernier vers pourrait bien faire allusion aux déceptions si nombreuses que Saboly éprouva dans son ambition.

On a révoqué en doute l'outrage goguenard qu'il infligea aux chanoines de St-Pierre, qui lui avaient promis individuellement leurs suffrages et ne l'avaient jamais élu au canonicat. Le fait peut être apocryphe; mais il est certain que le Chapitre pourvoyait par l'élection aux vacances qui avaient lieu dans ses rangs; et Saboly pouvait bien, sans faire pour cela preuve d'une ambition blâmable, aspirer à un canonicat, juste récompense de ses longs et pénibles services comme deuxième Bénéficier.　　　P. A.

Voici l'anecdote si connue, attribuée à Saboly par les Avignonais, mais que l'on a mise ailleurs sur le compte d'autres personnages. L'authenticité en est fort contestable, et l'on peut à bon droit la considérer comme une fiction. Nous en prenons le récit dans une notice inédite, adressée par Castil-Blaze à M. Requien :

« Les chanoines de l'église de St-Pierre se plaisaient beaucoup à avoir Saboly dans leur société : l'humeur enjouée du musicien bénéficier leur faisait passer des heures fort agréables. Des dîners où chacun apportait son plat, réunissaient parfois les membres du Chapitre. Saboly sollicitait depuis longtemps un canonicat : il avait reçu la promesse du premier qui viendrait à vaquer. L'occasion favorable s'était plusieurs fois présentée, et les offres de service des chanoines électeurs restaient sans effet. Le bénéficier, tant de fois désappointé, renonçant à poursuivre un avancement que l'on s'obstinait à lui refuser, médite une vengeance fort innocente, et l'exécute au premier repas où il devait à son tour mettre le couvert. Le potage lui mérita d'abord les applaudissements de la docte assistance. Un bassin de grande capacité succède à la soupière : on le découvre, et les chanoines voient avec dépit que leurs ragoûts, pâtisseries, pièces de rôt, entremets chauds et froids, crèmes, confitures solides et liquides, ont été précipités malicieusement dans cet abîme! Ils ne forment plus qu'un horrible mélange. Saboly ne fait pas attendre la moralité, l'affabulation de sa plaisanterie, que tous avaient déjà trouvée de fort mauvais goût : — « Comme les mets que vous avez fournis, leur dit-il, vous êtes bons, chacun séparément; mais vous ne valez pas le diable du moment où vous vous assemblez et vous mêlez pour élire un chanoine. »

Aubado, aubade ; concert de voix, d'instruments, qu'on donne, à l'aube du jour, à la porte, ou sous les fenêtres d'une personne que l'on veut honorer.

Garrot, pétard fait avec de la poudre à canon, serrée entre les plis d'un papier fort.

Traquenard, sorte de danse gaie.

Defrutu, et mieux *desfrùti* : au propre, destruction d'une grande quantité de fruits ; ripaille, terme très-justement appliqué à un festin d'enfants de chœur.

Après fèsto, *lou fou rèsto* : après fête, on se retrouve *fou* comme avant. La Fontaine a dit : *Gros Jean comme devant.*

e

NOUVÈ XXII. — Tòni, Guihèn, Peiroun, Jouan, Estève, Sauvaire.... — Air : *Tout mon plus grand plaisir.*
— [♪ 80]

Au lieu de *vòsti móutoun*, *vostis araire*, ɪɪ *pèd*, etc. Saboly écrit *vòstei móutoun*, *vosteis araire*, ʟᴇɪ *pèd*. Nous avons respecté cette forme, non pas comme plus antique, mais comme caractère orthographique spécial de notre auteur.　ᴊ. ʀ.

Rᴇғʀᴀɪɴ : Courrès, despachas-vous, venès vèire vitamen.

Vers de 13 pieds. L'air de ce noël dénote l'intention bien formelle qu'a eue le poëte de prendre cette licence.

Lei fagués pas mau traire, ne leur causez aucune peine, ne les embarrassez pas. — *Mau traire* signifie *être mal à son aise.* ... *Debanaire*, dévidoir.

NOUVÈ XXIII. — Un bèu matin, veguère uno acouchado.... Air : *Tu me défends de publier ma flamme.* — [♪ 108]

Mato, fou; celui qui simule la bonhomie, patelin. — *Matarié*, folie; faux airs de bonhomie, patelinage; du persan *mat*, abattu. — *Faire lou pèd en arrié*, ou tout simplement *faire lou pèd*, saluer en traînant le pied en arrière, faire la révérence. — *Bano*, cornes; du celtique *ban*. — *S'esclafi*, rire aux éclats; du grec κλασις, rupture. — *Gargassoun*, gosier; du grec γαργαρεων, la gorge.

NOUVÈ XXIV. — Cerqués plus dins un marrit establo.... — Air : *De la Bohémienne.* — [♪ 120]

2ᵉ et 4ᵉ strophe : Pèr li faire uno fort bello plaço.

Allusion à l'agrandissement de la Place St-Pierre par la démolition d'une partie des prisons, dont le restant, devenu propriété particulière, confronte aujourd'hui cette place, du côté du midi.　ᴘ. ᴀ.

5ᵉ strophe : E l'ounour à Moussu Lomellin.

Éloge de Laurent Lomellini, Vice-Légat d'Avignon, de 1665 à 1670.　ᴘ. ᴀ.

Les noëls nᵒˢ 19 à 24 forment le troisième cahier des noëls publiés en 1669 (la même année que le 2ᵉ cahier), chez Pierre Offray, à la Place St-Didier. Petit in-12 de 18 pages.

Nous avons rétabli l'ordre chronologique des premières publications de Saboly. L'éditeur de 1699, avait interverti cet ordre, en imprimant les noëls du troisième cahier avant ceux du deuxième, et son exemple avait été constamment suivi jusqu'à ce jour.

Court. — La suppression *totale* des lettres étymologiques conduirait à la destruction de la langue provençale et à Babel. D'ailleurs, le peuple, dans ses paroles quotidiennes, nous donnerait des démentis formels, et toute filiation avec notre vieille langue romane serait rompue.

Nous avons eu lieu de remarquer que Saboly tantôt adopte, tantôt rejette certaines lettres étymologiques. En présence de ces contradictions, fidèles à notre système de mettre notre auteur d'accord avec lui-même, nous avons pris le parti de faire toujours ce qu'il a souvent fait : de rétablir, partout où elles étaient, les lettres étymologiques *douces* et qui ne dénaturent pas la prononciation, comme les *d*, les *m*, les *p*, les *s*, les *t* : *blad*, *fum*, *trop*, *tros*, *esprit*...; d'écarter, au contraire, toutes les lettres *dures*, ou qui dénaturent la prononciation, comme les *c*, les *chs*, les *k*, les *r*, etc. *trau-c*, *nuc-ch*, *cue-chs*, *lavadou-r*, *sadou-l*, *escri-chs*, etc. Voici la seule exception : dans des mots tels que *blanc*, *long*, *franc*, *sang*,... nous avons, avec Saboly, conservé, quoique dures, les lettres étymologiques, parce qu'ici, non-seulement elles ne peuvent aucunement vicier la prononciation, mais encore parce que le peuple les fait souvent sentir : *Un long-oustau*, *un franc-ami*, *à sang-c aigo*, *de pèd-e d'oun-glo*, *fioc-c fiamo*, etc. etc.

Quelle nécessité d'établir de nouvelles exceptions en faveur de *court*, de *escut*, de *crid*, etc.? Aucune. Cela ne ferait que compliquer l'orthographe provençale. Mais, nous dira-t-on, en français on écrit *écu*, *cri*. En français, les dérivés *d'écu*, *cri*, sont *écu-yer*, *crier*, tandis que, chez nous, ces dérivés sont *escud-ié*, *escud-ello*, *crid-a*... Quant au mot *cour*, les Académiciens ont commis évidemment une inconséquence en supprimant le *t*, puisqu'ils disent *court-isan*, *court-ois*. Ils l'ont supprimé dans *cour* et l'ont conservé dans *mort*, *esprit*, *fruit* ! etc. Quelle logique !　ғ. ᴍ.—ᴊ. ʀ.

NOUVÈ XXV. — Dóu tèms de l'empèri rouman.... — Air : *Berger, va-t-en à tes moutons.* — [♪ 132]

Les sept noëls à partir du nᵒ 25 jusqu'au nᵒ 31, ont une liaison entre eux, et l'auteur les avait fait imprimer sous ce titre : *Histoire de la naissance de Jésus-Christ.*

C'est en quelque sorte un petit poëme dont chaque noël est un chant; poëme plein de foi naïve, et d'un sentiment qui charme et qui émeut. Nulle part Saboly n'a montré mieux qu'ici les ravissantes qualités de son esprit et de son cœur.　ᴊ. ʀ.

Il semble que, dans la pensée de Saboly, ces sept noëls doivent être chantés sans interruption et dialogués, de manière à former comme une espèce de *mystère*, ou de petit *oratorio*.　ғ. s.

NOUVÈ XXVI. — Hòu ! de l'oustau ! mèstre, mestresso... Air composé par Saboly. — Dialogo de Sant Jóusè e l'Oste. — [♪ 60, l'Oste ♪ 100]

Dans toutes les premières éditions de Saboly, comme dans tous les manuscrits qui leur sont contemporains, je lis : *Varlet*, *chambriero*, sᴀʏᴀ *res?* — *Saya* est incontestablement un mot mal orthographié. Quelques-uns ont pensé que ce pourrait bien être la deuxième personne du pluriel, conditionnel présent du verbe *èstre* : *saya res ?* pour *sarias res ?*

Ne seriez-vous personne ? c'est-à-dire, *n'y aurait-il personne ?* — *Saya* ne peut être mis là pour *sarias*, parce que l'*r* caractérisque du conditionnel n'aurait certainement pas été omise par Saboly, qui l'a conservée partout.

Quelques éditeurs, arrêtés comme nous par cette difficulté, ont cru la résoudre en imprimant : *Se i'a res.* Mais *se i'a res* ne peut que signifier : *S'il n'y a personne,* ce que Saboly n'a pas pu, n'a pas dû dire.

Saya res n'est et ne peut être qu'une altération de *ci li a res ?* (*n'y a-t-il personne ici ?*)

La preuve, c'est que, un peu plus bas, Saboly fait dire à l'hôte : SAYA *proun gènt, vole plus res.* Or ceci ne peut pas se traduire par : *Vous seriez assez de monde* (*sarias proun gènt*), ni par : *S'il y a assez de monde* (*se li a proun gènt*), à moins qu'on ne veuille être absurde; mais par : *Ici, il y a assez de monde,* ce qui est parfaitement raisonnable.

On le voit, de ces deux locutions vicieuses, l'une explique l'autre; la dernière précise le sens de la première, et doit nous servir à les rectifier toutes les deux.   J. B.

Batur d'estrado, batteur de chemins, vagabond. — *Fustié,* charpentier.

_____

NOUVÈ XXVII. —Lou queitivié d'aquéu marrit establé....
— AIR : *Peut-on douter ?* — [♪ 104 — bis ♪ 104]

Lou queitivié, les immondices; de l'adjectif *caitièu,* misérable.

Èro tan sale... tan... tant est écrit sans *t* dans presque tous les vieux troubadours. *Tan* en effet peut venir aussi bien du latin *tam* que de *tantum.*

Que l'eissuguèt emé soun moucadou. — Saboly, comme on voit, pour éviter les hiatus, conserve, devant une voyelle, le *t* final de la troisième personne du passé défini, et quelquefois aussi l'ancien *t* final des participes passés. Cette lettre étymologique, qui se trouve encore dans notre auteur, mais seulement dans les cas spéciaux où l'euphonie le demande, est, comme beaucoup d'autres, tombée aujourd'hui en désuétude, et les hiatus sont évités au moyen de l'élision. Cette règle d'euphonie appartient du reste à toutes les langues ; et si Saboly et les Provençaux écrivent *nue, fio,* devant une consonne, et *nuech, floc* devant une voyelle, les Latins en pareil cas, n'écrivaient-ils pas *tum* et *tunc, tam* et *tantum* ? Les Français ne disent-ils pas CE *livre* et CET *homme* ? F. M.

_____

NOUVÈ XXVIII. —Sus lou coutau.... — AIR : *Dis-moi, Grisel.* [♪ 52]

Mato, niais; du persan *mat.* (Voir les notes du noël XXIII.) — E *de cap e de cóu,* de tête et de cou : *cap,* tète, du latin *caput.*

NOUVÈ XXIX. —Lei pastourèu... — AIR : *Dans ce beau jour.* —[♪ 60 — bis ♪ 72 —ter ♪ 96 —quater ♪ 92]

1re *strophe :* An tengu lou burèu.

Tenir bureau était, à Avignon, l'expression consacrée pour toutes les assemblées laïques autres que le conseil de ville, où l'on délibérait d'affaires. P. A.

A di sa rastelado, a dit tout ce qu'il a appris, tout ce qu'il a amassé. La *rastelado* est ce que l'on peut amasser, avec le *rastèu,* de foin dans un pré fauché, ou d'épis oubliés, après la moisson. J. B.

La magagno, la fatigue; du grec μαγγανον. — *Pode pas tira solo,* je ne puis pas lever le pied : *solo,* plante du pied chez l'homme.

_____

NOUVÈ XXX. — Soun tres ome fort sage.... — AIR : *Je ne m'aperçois guère.* — [♪ 80 — bis ♪ 96]

NOUVÈ XXXI. — Lei Mage dins Jerusalèn.... — AIR : *Non, je ne vous le dirai pas.* — [♪ 69 — bis ♪ 60]

Les deux vers : *L'or e la mirro emé l'encèn, Metran fin à l'istòri....* montrent qu'ici finissent les sept noëls dont il est parlé ci-dessus, au noël 25.

Vaùtre que sias tous gènt de sèn... vous qui êtes tous des personnes de sens. — *Sèn,* signifiant *sens,* ne doit pas s'écrire avec un *s,* comme le font certains auteurs : voyez en effet les dérivés naturels : *senet, senа, dessena, pau-de-senas.* Ce mot se distingue de *sen,* sein, par son accentuation grave.

NOUVÈ XXXII. — La fe coumando de crèire... — AIR composé par Saboly. — [♪ 72 — bis ♪ 96]

L'édition de 1670 (chez Pierre Offray, à la Place St-Didier) porte : *Nouvè vièi pèr empli lou cahié.* — Ce noël, avec les sept qui précèdent, forme le quatrième cahier.

NOUVÈ XXXIII. —Lei plus sage...—AIR : *Est-on sage ?* — [♪ 136 — bis ♪ 96 — ter ♪ 65]

Aurice, orage. — *Mau riblado,* mal rendue : *ribla,* contraction de *regibla,* retrousser, river. — *M'envòu,* pour *m'en vau,* je m'en vais. F. M.

NOUVÈ XXXIV. — Lei pastre fan fèsto... — AIR : *Aimable jeunesse.* — [♪ 92]

Faisso, maillot ; du latin *fascia,* bande. — *Madaisso,* écheveau, du latin *mataxa,* écheveau. — *Servanto,* pour *servènto.* — *Calot, beguin,* petites coiffes d'enfant.

NOUVÈ XXXV. — Sant Jóusè m'a di... — AIR : *Noste paure cat.* — [♪ 88]

« Nous trouvons Saboly tout entier dans une chanson pleine d'esprit, de sel, et surtout de malice, qu'il décocha contre un certain Cadenières, bourgeois-gentilhomme qui n'avait pu se faire octroyer le droit de placer la particule devant son nom, dans le pays du monde où rien n'était plus facile. Un juge de l'infime tribunal de St-Pierre, un simple docteur même, étaient anoblis par leur charge, et

Cadenières enrageait de ne pouvoir se faire appeler *M. de Cadenières.* Ce pauvre homme était affligé d'une paralysie aux mains, et Saboly ne lui fit pas même grâce de cette infirmité dans le vaudeville dont il s'agit : il voulait que le portrait fût ressemblant au dernier point, et ce complément était nécessaire. En voici le premier couplet :

Noste paure cat
Cadeniero ,
Qu'a de niero ,
Noste paure cat
Qu'a de niero
Sus lou na ;
Se grato ,
Se freto ,
N'en pòu gis avé ,
Perço qué n'a gis de det.

« Même avec un commentaire , il sera difficile de faire comprendre ce couplet aux personnes qui n'ont pas l'intelligence de la langue provençale. La double pointe de ces vers piquants vient d'un double calembourg : *niero* signifie puce ; *de* signifie en même temps *doigts*, ou *De* , particule nobiliaire; *Cadeniero* , nom propre , par la combinaison de ses syllabes , présente réunis ces quatre mots : *Qui a des puces.* Ces préliminaires établis , essayons de traduire :

Notre pauvre cat (chat) ,
Qu'a-des-puces ,
Qu'a des puces ,
Notre pauvre *cat* ,
Qu'a des puces
Sur le nez :
Se gratte ,
Se frotte ,
Il n'en peut point saisir ,
Parce qu'il n'a point de *doigts* (De.)

« Saboly trouva la chanson si plaisante qu'il écrivit un air nouveau pour la chanter et la répandre plus avant dans la société fashionable. Elle eut un succès de vogue: tout le monde la redit alors , et peu de nos contemporains l'ont oubliée. L'auteur adapta plus tard la musique de ce vaudeville satirique à son 35e noël : *Sant Jòusè m'a di...;* et lorsque , dans les réunions de famille , les sept couplets avaient défilé jusqu'au dernier , il était rare que l'assistance ne continuât pas la période en ajoutant le vaudeville à la queue du noël : elle entonnait vivement : *Noste paure cat...* » (*Note de Castil-Blaze.*)

On prête encore à Saboly l'épigramme suivante dirigée contre un jeune abbé de Mazan , d'une intelligence médiocre , et qui n'avait pu conjuguer correctement en latin le verbe *boire* :

Abè Bibasso ,
Vai-t'en en Betelèn ,
Emé ta biasso
Cargado de present.

Quand l'ase te veirà ,
Tout espaime creira
Que vas prendre sa plaço ,
E te reguignara ,
Abè Bibasso!

Soun pèr orto , errent par les champs ; du latin *per hortos.* — *Mourre* , museau, du celtique *mourr* , doit s'écrire par deux r. *Moure* , mamelon, colline , ne doit en avoir qu'un ; car il vient du latin *murex* , rocher. — *Lou su* , le sinciput, le sommet de la tête , du grec ψυχη , âme ; ou mieux, selon A. B. Crousillat, de l'italien *zucca* , citrouille, tête. — *Ci li a rèn de tièu :* l'édition originale porte *saya.* (Voir, à ce sujet, la note du noël 26.) — *Tavan* , taon, grosse mouche noire. On donne aussi ce nom aux scarabées, et spécialement au scarabée stercoraire ; du latin *tabanus.* F. M.

L'altération de l'air de ce noël , dont il a été question, page XVIII de l'Introduction, consiste en la substitution du *la* naturel au *la* ♯ , tant au chant qu'à la basse , dans la 3e 4e et 7e mesure du chant , (2e et 4e vers de la strophe). Henri-Sébastien Blaze a corrigé de main de maître , sans doute ; mais c'est aux dépens de l'étrange originalité de la mélodie.

NOUVÈ XXXVI. — *Bèn urouso la neissènço...* — AIR : *Toujours l'amour me tourmente.* — [♪ 92]

Cèu. Ce que nous avons fait pour le mot *père* (voir la note du noël XX), nous avons dû le faire pour le mot *ciel.* Saboly écrit tantôt *ciel*, tantôt *cèu.* Il est bien évident que *cèu* est le mot provençal, dont *ciel* est l'altération: on retrouve partout dans les vieux auteurs. Nous avons donc rejeté *ciel* et mis *cèu.* J. B.

Eternello , *inmortello*, gallicismes, pour *eternalo* , *inmourtalo.* — *Cadeno*, chaîne ; du latin *catena.*

NOUVÈ XXXVII. — *Aquel ange qu'es vengu...* — AIR : *Un jour le berger Tircis.* — [♪ 80]

Rassado, gros lézard vert. — *Rato-penado* , chauve-souris, (*rat-ailé.*)

NOUVÈ XXXVIII. — *Despièi lou tèms...* — AIR : *De l'Opéra.* — [♪ 108]

2e *strophe* : An pres lou bounet verd :
Fan quinquinello

Le bonnet vert, aux galères , était plus particulièrement l'attribut des banqueroutiers.

Le mot *quinquinello* pour *banqueroute*, vient de ce qu'on accordait jadis aux débiteurs un espace de cinq ans (*quinquennium*) pour se libérer , après lequel , s'ils ne payaient pas , on les exposait à cul nu sur une pierre ; ce qui a fait dire dans ce même sens : *Moustra lou cuou.* P. A.

NOUVÈ XXXIX. — *Se vàutre sias countènt....* — AIR : *Vous dirai bèn soun noum.* — [♪ 92]

Les sept noëls qui précèdent, à partir du n° 33, for_

ment le cinquième cahier, publié par Saboly, à Avignon, chez Michel Chastel, imprimeur de Sa Sainteté, demeurant à la Place St-Didier, proche St-Eutrope, 1671. Petit in-12, 22 pages.

Las, côté; du latin *latus*. — *Vèro*, dard, flèche; du verbe provençal *vira*, en latin *intorquere telum*. — *Cependant*, gallicisme, pour *cependènt*.

NOUVÈ XL. — Me siéu plega...— Air : *Du Postillon.*— [℘· 69]

Lei tento dóu cóu,les muscles tendus de la partie postérieure du cou. — *Idoulo*, hurle; du bas breton *yudal*, ou du latin *ululare*. — *Gingoulo*, crie d'un ton plaintif. — *A tan varaia*, a si bien fureté. — *Touto la meina*, toute la maison, la famille.

NOUVÈ XLI. — Que disès, mei bon fraire?..— Air : *Tout rit dans nos campagnes.* — [℘· 50]

5ᵉ *strophe* : La petito museto
Emé lou tambourin....

Le tambourin de Provence est une espèce de tambour dont la caisse est trois fois plus longue que celle d'un tambour ordinaire, et d'un plus petit diamètre. On bat le tambourin avec une seule baguette, en même temps que l'on joue du *fleitet*, espèce de flageolet à trois trous, que l'on nomme aussi *galoubet*. C'est ce *fleitet* qu'a voulu désigner Saboly plutôt que la cornemuse, qu'on appelle aussi *museto* en provençal. **F. S.**

NOUVÈ XLII. — Jujas un pau de quinto sorto... — Air : *C'est un plaisir dans le bel âge.* — [℘· 54 — bis ✶84]

Paioussas, vieille paille à demi pourrie. — *Vouelo*, voile; terme emprunté au français. Le vrai mot provençal est *vèu*. On appelle *velet* la doublure du voile des religieuses, et *veleto*, un petit voile triangulaire que nos grand'-mères s'attachaient sur la tête dans les cérémonies religieuses. **F. M.**
Rauba, dérobé.

NOUVÈ XLIII. — Uno estello... — Air : *La bouteille Me réveille.* — [℘· 80 — bis ✶· 104 — ter ✶ 108]

3ᵉ *strophe* : An quàsi tous pres l'alarmo...

Sur le refus que fit le Vice-Légat Lascaris de congédier la garnison italienne, le 30 septembre 1662, l'exempt des gardes-du-corps, qui était venu l'en sommer au nom du Roi de France, annonça aux consuls qu'on allait faire avancer des troupes. La crainte d'avoir des soldats français à la charge des citoyens, causa une émotion populaire qui aboutit à l'expulsion des Italiens, de la ville, par les Avignonais eux-mêmes. **P. A.**

C'est à cette occasion que Saboly composa sa chanson : *Lou reviro-meinage* en 35 couplets. Après avoir flagellé durement les abus du gouvernement d'alors, le poëte termine ainsi :

Acò s'apello gouverna
Soun pople de bello maniero :
Devès doun pas vous estouna
Se vous an vira la bandiero,
S'aven planta lei flourdelis
S'aven cassa vosto meliço,
S'aven pres l'argènt de justiço,
S'aven crida : *Vivo Louis !*

4ᵉ *strophe* : Sarié pendu pèr sa goulo....

Allusion à l'exécution qui fut faite au mois de juin 1663 sous les fenêtres du Palais, où l'ex-Vice-Légat Lascaris se tenait enfermé. On pendit le Barigel, chef des sbires de l'ancien gouvernement, qui avait été convaincu de concussion et de plusieurs crimes capitaux.
Tout ce noël se rapporte à l'occupation française de 1663.
P. A.

Meno lei rèi de Tarsis, *De l'Ilo e de l'Arabìo*. Une antienne qu'on chante le jour de l'Épiphanie, commence ainsi : *Reges Tarsis et Insulæ*, etc.
Estafié, estafier, valet qui tenait l'étrier (*estafo*.)

NOUVÈ XLIV. — Quand la miejo-nue sounavo...— Air : *Iéu n'aviéu uno chambriero.* — [℘80 — bis ✶ 72]

6ᵉ *strophe* : Dèu pas èstre pèr leis Olandés.

L'auteur fait allusion aux préparatifs de la campagne de 1672, qui aboutit à la conquête de la Hollande par Louis XIV. Lorsqu'on négociait, en 1659, le traité avec l'Espagne, l'envoyé hollandais à qui l'on demandait s'il ne se fiait pas à la parole du Roi, avait répondu : *J'ignore ce que veut le Roi ; je considère ce qu'il peut.* Cette réponse pleine de sens fut considérée comme insolente, et déplut beaucoup à Louis XIV. **P. A.**

Japa, aboyer; par onomatopée, *jap*. — *Dourmien coume de soucas* (proverb.), dormaient profondément : *soucas*, grosse souche. — *Lou souiras*, l'immonde (péjoratif de *sus*, porc), terme injurieux par lequel les bergers désignent le loup. — *Fedo*, brebis, du latin *fœta*, brebis pleine. — *Cledo*, claie, du grec κλῆδος, clôture. **F. M.**

NOUVÈ XLV. — Un ange fa la crido... — Air composé par Saboly. — [✶ 138]

La bóri. Les premières éditions portent : *Sorton de* LABORI, ce qui signifierait « quittent le travail,»; et ce serait absurde, puisque *lei bergié... dourmien sus la coutino.* — *Labóri* est donc une faute typographique. Il faut écrire: *Sorton de la bóri*, ils sortent de la *cabane*. (Voir *Dict. d'Honnorat* : Bôrıʌ.) **F. M.**

Resquiho, glisse ; du bas breton *risclin*. — *Leis ajoun*, les atteint ; du latin *adjungere*. — *Espetacle*, esclandre, accident extraordinaire.

Les six noëls qui précèdent à partir du nº 40, forment le sixième cahier publié par Saboly chez Michel Chastel, imprimeur de S. S. à Avignon, 1672. Petit in-12, 24 pag.

NOUVÈ XLVI. — Pastre dei mountagno… — A ɪ ʀ : *De la Pastouro.* — [♪ 132 — bis ♪ • 72 – ter ♪ • 50 — quater ♪ • 50]

Jargau, justaucorps de paysan, altération de *gergau*, dit pour *gregau*, habit à la grecque, pareil à celui des matelots grecs. **F. M.**

Quand l'auro meno, quand le vent souffle ; du latin *aura*. — *Tèms dre*, temps vif ; vent du Nord. — *Laryas leis agnèu*, donnez le large aux agneaux. — *Lagremo*, larmes ; du latin *lacryma*.

NOUVÈ XLVII. — Lorsque vous sarés malaut… — A ɪ ʀ : *Si vous êtes amoureux.* — [♪ 108, *Aquel* ♪ 108]

Saboly a écrit dans ce noël : *Ce que fuy, vous lou diray* ; au noël 5, et ailleurs, on lit encore : *Ay, auray, tapoutaray*, etc. avec l'*y*. Dans beaucoup d'autres cas, au contraire, notamment au noël 56, on trouve écrit avec un *i* : *Passarai, tirarai, mourrai*. Pour l'uniformité, nous avons partout adopté l'*i* ; et lorsque cette lettre ne forme pas diphthongue, comme dans *païs*, nous avons mis le tréma. **F. S.**

NOUVÈ XLVIII. — Auprès d'aquel estable…. — A ɪ ʀ : *Tan matin sics levado ?* — [♪ 100 — bis ♪ 100]

3ᵉ strophe : E lou mourre pounchu…

Telle est la bonne manière d'écrire en provençal la conjonction *et*. Bernard de Ventadour., Bertrand de Born, Arnaud Daniel, le roi Richard…, et tous les vieux maîtres ne l'ont jamais écrite différemment. Ainsi font les Italiens, ainsi avons-nous fait. Il serait superflu de citer des exemples à l'appui de notre assertion. **J. R.**

Seis arpo, ses griffes ; du grec αρπαξ. — *L'a m'es en tafu*, l'a mis au *tombeau* ; du grec ταφος. — *Favouio*, cancre, crabe.

NOUVÈ XLIX. — Adam e sa coumpagno…. — A ɪ ʀ : *Amants, quittez vos chaînes.* — [♪ 75 — bis 76]

Le célèbre musicien Le Sueur a fait entrer l'air de ce noël dans son *oratorio*, ou *Messe de Noël*. A l'en croire, cet air aurait été transmis à l'Église gallicane par la première Église d'Orient. Le premier vers du cantique français était : *Or nous dites, Marie*. Le Sueur a de plus inséré dans son œuvre une dizaine d'autres airs auxquels il assigne une origine antique et orientale. Ses assertions sont dénuées de preuves : on admettra difficilement, par exemple, que l'air si connu de *Triste raison* (que l'on trouvera au nº 11 *bis* de notre recueil, sur le noël *Pièisque l'ourguei*), soit un chant de l'antique Église d'Alexandrie, dont les troubadours se seraient emparés. **F. S.**

Lagno, chagrin ; du grec λαγγνω, languir. — *Lou lavagno*, le caresse de la main et de la voix. — *Criminello*, pour *criminalo*.

NOUVÈ L. — Jèsu, vous sias tout fioc e flamo…— A ɪ ʀ : *Siéu pas ama, etc.* [♪ • 52]

Lonja pèr biheto, par billet de logement. — *Tiremeleto*, terme de mépris : happe-lopin, gourmand qui escamote les morceaux dans les cuisines. — *Desespouer*, pour *desespèr*.

NOUVÈ LI. — Pastre, pastresso… — A ɪ ʀ : *Vàutrei, fiheto, qu'avès de galant.* — [♪ 100 — bis ♪ 112]

Pecaire, interjection qui marque la compasssion. Elle a une étymologie chrétienne : *pecaire* signifie *pécheur*. Celui qui a eu le malheur d'offenser Dieu, est en effet, aux yeux du Chrétien charitable, bien digne de compassion, *pecaire* ! **J. R.** *Buscaio*, bûchettes. — *Mudo*, le *change* de langes ; du latin *mutare*.

NOUVÈ LII. — Venès vèire dins l'estable… — A ɪ ʀ : *Dans le fond de ce bocage.* — [♪ 63 — bis 116]

NOUVÈ LIII. — Tu que cerques tei delice…. — A ɪ ʀ : *Amarante est jeune et belle.* — [♪ 80 — bis ♪ • 92]

L'auteur attaque dans ce noël Pierre-François Tonduti de St-Légier, qui s'est fait un nom comme jurisconsulte et comme astronome. La postérité absoudra facilement ce noble et savant *gentilhomme*, du sensualisme que Saboly lui reproche, en considération de sa magnificence envers les artistes. On peut voir encore, dans l'hôtel aujourd'hui occupé par le *Cercle du Commerce*, les belles peintures que Nicolas Mignard exécuta dans la chambre à coucher dont parle Saboly dans ce noël. **P. A.**

NOUVÈ LIV. — Dialogo de dous nouvelisto.

> … l'Emperour emé l'Espagno…,
> Declaravon la guerro au Rèi.

Allusion à la ligue qui se forma en 1673 contre Louis XIV, et qui le força à évacuer la Hollande.

> Lou siège dóu castèu d'Aurenjo…,
> Que fuguè pres (coume es escri)
> Vounge jour pulèu que Mastri ?

Maëstricht fut pris après un siège de quinze jours seulement ; mais le Château d'Orange, fortifié en 1622 par le prince Maurice de Nassau, qui en avait fait une des plus fortes places de l'Europe, fut pris dès le deuxième jour. **P. A.**

Les neuf noëls qui précèdent, à partir du nº 46, forment le septième cahier publié par Saboly chez Michel Chastel, pour l'an 1673, à Avignon. Petit in-12, 24 pages.

Peles-pas-figo, terme injurieux. — *Lou fuiet*, le journal. — *A di que l'or èro au bihoun*, a dit que l'or était au taux du billon. — *Ramado*, drues comme les feuilles. — *Pous-deibiou*, Puits-des-bœufs, *Plaço Pio*, Place Pie, *l'Espiçarié*, sont des rues et des places publiques d'Avignon.

NOUVÈ LV. — Proufitas-me lèu , bravo bregado... — Air: *Changerez-vous donc ?* — [♪ 84]

Esquiròu, écureuil ; du grec σκίουρος , même signification.

NOUVÈ LVI. — Touro-louro-louro ! lou gau canto... Air : *De Bourgogne.* — [♪ 92]

Fai-me dire ùnei Sèt-saume...

C'était l'usage , le jour des Morts , et cet usage se maintient encore aujourd'hui , de faire réciter par des enfants , moyennant une petite gratification , les sept Psaumes de la Pénitence , à l'intention des défunts. F. s.

Lei broutiero , les oseraies. — *Vous estrugue* , je vous félicite de votre heureux destin ; de *astrum.*

NOUVÈ LVII. — L'estrange deluge... — Air : *Malgré tant d'orages.* — [♪ 152 — bis ♪ 112]

Ce noël , ainsi que le précédent, fait allusion à l'inondation de 1674. Le Rhône et la Durance y concoururent , et le niveau des eaux s'éleva à 19 mètres , 176 millimètres au-dessus de celui de la mer, c'est-à-dire qu'elles atteignirent presque celui de l'inondation de 1827.

Crozet-Buisson fit , au sujet de l'inondation de 1674 , un poème latin qui a été traduit en vers français. *(Voir le Dictionnaire biographique du Docteur Barjavel.)*

Dans ce dernier noël , Saboly cite avec éloges Charles d'Anguisciola , Vice-Légat depuis 1675 jusqu'à sa mort, arrivée le 17 août 1676, et Hyacinthe Libelli , archevêque d'Avignon depuis 1673 , mort à Avignon le 24 octobre 1684. P. A.

NOUVÈ LVIII. — Vos-tu qu'anen en Betelèn?... — Air : *Chambriero, te vos-tu louga?* — [♪ 84]

Aro que camines pla , maintenant que tu marches bien : *pla* pour *plan*, expression gasconne.

NOUVÈ LIX. — Qui vòu faire grand journado... — Air : *Qu'on passe en douceur sa vie.* — [♪ 160]

Lou sant clame dòu jour, durant toute la journée. Le mot *clame*, qui ne s'emploie qu'avec le mot *sant*, ne viendrait-il pas de καλήμερα , beau jour , ce qui équivaudrait à *toute la sainte belle journée du jour?* — *De pau-vaio*, de peu de valeur. — *A poun*, à point.

NOUVÈ LX. — Segnour, n'es pas resounable....— Air : *Jeunes cœurs, laissez-vous prendre.* — [♪ 104]

Tout ce noël a trait à la transformation que le Chapitre de St-Pierre, cédant au mauvais goût de l'époque , fit subir à la décoration intérieure de son église.

La tradition au sujet des deux plus grands Seigneurs qui soient sur la frontière, et pour lesquels on devait dresser un siége distingué, est aujourd'hui perdue. On peut faire à ce sujet diverses hypothèses : l'auteur a-t-il entendu par le mot *frontière* la limite de la paroisse, celle de l'État d'Avignon ou de l'État Venaissin , ou enfin celle du royaume dans lequel ces deux États étaient enclavés ? Dans le premier cas , *les deux plus grands Seigneurs* seraient le Vice-Légat et l'Archevêque, dont les palais étaient à peu près limitrophes de la paroisse St-Pierre ; et cette hypothèse justifierait l'exécution d'un seul siége pour deux Seigneurs devant venir *tour à tour ;* car , à cause des préséances , le Vice-Légat et l'Archevêque se montraient rarement ensemble. Dans le second cas , il pourrait s'agir , 1° de Charles-Félix de Galéans, dont la terre de Gadagne , limitrophe de l'État d'Avignon , avait été érigée en duché en 1669 , et qui servait dans les armées françaises en qualité de lieutenant-général et avec une très-grande distinction ; 2° de Rostaing-d'Ancézune-Cadart, dont la terre de Caderousse, qui était limitrophe du Languedoc et de la Principauté d'Orange , avait été érigée en duché en 1663. Ce gentilhomme était alors aide-de-camp de Louis XIV. Enfin, dans le troisième cas, il pourrait s'agir, 1° de Charles de Siffrédy-de-Mornas, maréchal-de-camp qui s'illustrait en Hollande, et dont la famille habitait la paroisse St-Pierre ; 2° de M. Villardy de Quinson, qui exerçait un commandement dans les armées françaises. P. A.

2ᵉ strophe : Moun douièn e mei canounge ,
Que soun un pau mai de vounge...

La Collégiale de St-Pierre comptait douze chanoines titulaires, en y comprenant le Doyen et le Capiscol. Ces vers pourraient bien être une épigramme dirigée par Saboly contre un des membres de ce Chapitre , qu'il n'aurait pas considéré comme ayant toute l'étoffe d'un chanoine.

Le trait final trahit chez Saboly la crainte de ne voir pas de longtemps achever les travaux de décoration dont il vient d'être parlé, et que leur entretien ne soit incessant et coûteux. La première pierre du pont St-Esprit fut posée le 12 septembre 1265, et ce monument ne fut achevé qu'en 1309. Les Frères de l'Hôpital ne cessèrent de faire des quêtes pour subvenir à son entretien. P. A.

Douièn , doyen , pour *decan*, qui est le vrai mot.

NOUVÈ LXI. — Pèr vèire la Jacènt... — Air : *Se Jano me vòu mau.* — [♪ 108]

NOUVÈ LXII. — Sortez d'ici , race maudite !.... — Air composé par Saboly. — [♪ 66]

Le Chapitre de St-Pierre n'obtint pas certainement l'approbation générale, lorsqu'il jugea à propos de faire disparaître la sévère architecture de son église sous des lambris peints et dorés. Il parait même que, pour que les directeurs et les architectes de l'œuvre ne fussent pas assourdis par les critiques des amateurs de l'art ancien, on fut obligé de faire consigner à la porte tous les curieux. Saboly , dans ce noël, fait allusion à ce fait ; et taxant de jalousie les détracteurs du Chapitre , il les ridiculise en leur prêtant des projets diaboliques. **P. A.**

Les sept noëls précédents forment le huitième et dernier cahier publié du vivant de l'auteur, pour l'an 1674, chez Michel Chastel , imprimeur de Sa Sainteté. Petit in-12, 24 pages.

Penchina, peigner, carder ; de *penche*, peigne. — *Amelo*, amande ; du latin *amygdalum*. — *Sèns ana querre*, sans qu'on vint me prier de venir. — *Escafa*, effacer ; de σκαφτναι, fouir, creuser. — *Lou repliquet*, altération de *repiquet*, carillon.

NOUVÈ LXIII. — En sourtènt de l'estable... — Air composé par Saboly. — [♪ 112]

E zi ! zi ! zi!... On trouvera peut-être puéril d'avoir indiqué cette espèce de cri, simulant le frottement de l'acier sur la meule. C'est une tradition populaire conservée jusqu'à ce jour, et qui remonte probablement jusqu'à Saboly, puisqu'elle est indiquée dans l'air noté du manuscrit de J. Bastide. **F. S.**

Arresouna , demander raison , parler sévèrement à quelqu'un. — *Amoulaire* , remouleur. — *Perpoun*, pourpoint.

NOUVÈ LXIV. —Guihaume, Tòni, Pèire... — Air composé par Saboly.— [♪ 120 — *bis* ♪ 120 — *ter* ♪ 96 — *quater* ♪ 112]

On trouve ce noël dans le manuscrit de Carpentras. Nous avons rétabli, d'après ce manuscrit, la dernière strophe : *Courrès, courrès, bregado!* qu'aucun éditeur n'avait donnée.

M. Alkan, l'un des grands pianistes de l'école moderne, entretenait un jour M. d'Ortigue de la manière d'arranger les anciennes mélodies, et proposait pour l'accompagnement du noël *Guihaume , Tòni , Pèire*, la double note de pédale qui forme la basse de la première moitié de l'air 64 *bis*. Cette harmonie nous a paru trop originale et trop piquante pour ne pas l'offrir à nos lecteurs. **F. S.**

Vous an jamai fa vèire lou soulèu que pèr un trau, expression proverbiale qu'on applique aux gens qui n'ont jamais

rien vu. — *Toutesca* , à peine , il n'y a qu'un instant : sans doute de *tout-escap*, qui ne fait que de fuir. — *Patet* , lambin, qui tâtillonne avec les *pattes*. — *Tòu! patatòu*, onomatopée du bruit d'un saut. **F. M.**

NOUVÈ LXV. — A la ciéuta de Betelèn... —Air composé par Saboly. — [♪ 100]

Saboly fait encore dans cette pièce l'éloge du Vice-Légat Lomellini et celui de l'Archevêque Libelli ; il leur présage à tous deux la pourpre romaine, qu'ils n'obtinrent pas.

4e strophe : Gràcis ei Prince de Jubarco....

Saboly doit vouloir désigner ici les princes français dont l'influence ne paraît pas avoir été étrangère à l'élévation de Lomellini au poste de Vice-Légat, et qui durent faire rendre, en cour de Rome, un bon témoignage de la conduite charitable et dévouée qu'il avait tenue lors de la dernière inondation. (*Note de M. A. Deloye, Conservateur du Muséum-Calvet , d'Avignon.*)

O bèn la vilo d'Ais pèr la fèsto de Diéu. Les jeux institués par le roi René attiraient à Aix un grand concours de population. — *Tacoun de ferre*, talons ferrés. — *Serre* , pic , crête dentelée des montagnes ; en espagnol *sierra*, du latin *serra*, scie.

NOUVÈ LXVI. — Un ange dóu cèu es vengu... — Air dei boudougno. — [♪ 116]

Dans l'édition de 1704 , ce noël commençait par la deuxième strophe : *Veici veni lou gros serpent.* Ce n'a été que dans les éditions postérieures que l'on a rétabli la première strophe.

Sagagna , secouer, tirailler. — *Sagata* , égorger; du latin *sagitta* , flèche. — *Bouticàri*, apothicaire. — *Engranè* , infecta. — *Boudougno* , bigne , tumeur provenant d'un coup. — *Lipo* , lèche. — *Sahin* , sain-doux ; du latin *sagina*, graisse. — *Que la panso li estripe* , que sa panse s'éventre. — *Escourtega* , écorcher. — *Garrot* , jarret de porc , ou quartier de mouton , qui sert d'enseigne aux bouchers et aux-charcutiers.

NOUVÈ LXVIII. — Sus ! campanié , revihas vous !... — Air d'un carillon. — [♪ 120]

Le P. Bougerel attribue ce noël à Puech: nous ne savons sur quel fondement il s'appuie.

Campanié, sonneur de cloches. — *Trignoun* , carillon ; de la basse latin. *Trinium* , musique à trois cloches.

Tafort ! pour *tiras fort* , espèce d'exclamation , cri de manœuvriers pour s'exciter mutuellement à tirer un fardeau.

Cachomaio , tire-lire, espèce de boîte en terre dans laquelle on fait entrer des pièces de monnaie par une étroite ouverture.

FIN DES NOTES SUR LES NOELS DE SABOLY.

LEI NOUVÈ

DE

MICOULAU SABOLY

NOUVÉ 1.

1. Iéu ai vist lou Pie- mount, L'I- ta- li- o e l'A- ra- goun, La Perso e la Tur-

qui- o, L'A-ra- bì- o, E la Chino e lou Ja- poun. Iéu ai vist l'An-glo- ter-ro, La Po-

lo-gno e lou Da- ne- mar; E pèr ter-ro, E pèr mar, Sènso a- sar, Siéu es- tat en proun de

part; A- près tout, iéu ai vist quau-ca- rèn: Mai trobe rèn de bèu cou- me Be- te- lèn.

2.
Quand noste Rèi Louïs
Venguèt en aquest païs,
Éu troubè nosto vilo
Plus gentilo
Que gis que n'aguèsse vist :
Assistèt à l'Oufice,
Faguè la Cèno après Rampau,
L'eisercice
Quauque pau ;
Fè grand gau
Quand touquè tous lei malaut.
Bèn qu'acò fusse bèu, n'es pas rèn
Auprès de ce qu'ai vist dedins Betelèn.

3.
Iéu ai segui la Court,
Bèn que sie pas moun umour ;
Siéu estat en persouno
A Baïouno,
E li ai fach un long sejour;
Iéu ai vist l'assemblado,
Lou mariage dóu Rèi Louïs,
Soun intrado
Dins Paris ;
M'èro avis
Qu'èro dins lou Paradis !
Bèn qu'acò fusse bèu, n'es pas rèn
Auprès de ce qu'ai vist dedins Betelèn.

4.
Lou mounde fai grand cas
Deis article de la pas ;
La Franço, e l'Alemagno,
E l'Espagno
An bouta leis armo à bas.
Pèr viéure de sei rèndo,
Un chascun met leis armò au cro
Pèr Calèndo,
Près dóu fio,
Dins soun lio,
Chascun pauso cachafiò ;
Es verai qu'acò vèn dins lou tèm
Qu'aquéu qu'a fa la pas es dins Betelèn

1.
(bis.)

1. Iéu ai vist lou Pie- mount, L'I- ta- li- o e l'A- ra-

goun, La Per- so e la Tur- qui- o, L'A- ra- bio E la Chi-no e

lou Ja- poun. Iéu ai vist l'An-glo-ter- ro, La Po-

lo- gno e lou Da- ne- mar; E pèr ter- ro, E pèr mar, Sènso a-

sar, Siéu es- tat en proun de part; A- près tout iéu ai vist quau-ca-

rèn; Mai tro- be rèn de bèu cou-me Be- te- lèn.

NOUVÈ 2.

1. Bon Diéu! la grand clar- ta! Li a quau- ca- rèn d'es- tran- ge:

Me sèm- blo qu'es un an- ge, Car iéu l'ai au- si can- ta.

2.

Qu vòu bouta cinq sòu ,
Que quauque gros desastre
Siegue arribat ei pastre
Que courron coume de fòu.

3.

Lou jas es tout badiéu,
Li an pas bouta la cledo :
Móutoun , agnèu e fedo
Soun à la gàrdi de Diéu.

4.

Diéu age bono part !
Un veissèu à la vèlo ,
Coumdu pèr uno estello ,
Vèn en ribo de la mar.

5.

Qu me dira vount van ,
Qu me dira d'ount vènon
Tres bèu Moussu que tènon
Lou lengage dóu Levant ?

6.

Tu cregnes rèn la fre ,
Traite , vilèn Erodes !
Vount vas ? que vos ? que rodes?
Emé tei coupo-jarret ?

7.

As de marrit dessèn
Que valon pas lou diable ;
Au mens , pèr lei coupable ,
Prengues pas leis Innoucènt.

NOUVÈ 3.

1. Mi- coulau noste pas- tre , Aquéu gros pa- lot, Vai coun-tem- pla leis as- tre

Cou- me fan leis as- tro- lò. Tu par- les bèn rau, Micoulau ! Lou seren t'au-ra fa mau.

1. Mi-cou-lau noste pas- tre, A- quéu gros pa- lot, Vai coun-tem-pla leis as- tre

Coume fan leis as- tro- lò. Tu par-les bèn rau, Mi- cou- lau! Lou se- ren t'au-ra fa mau.

3.
1. Mi- cou- lau nos- te pas- tre, A- quéu gros pa- lot, Vai coun-tem- pla leis

as- tre, Cou- me fan leis as-tro- lò. Tu par- les bèn rau, Micoulau! Lou se- ren t'aura fa mau.

2.
Vese uno troupo d'ange
Que sèmblon d'aucèu,
Que canton lei louange
D'un pichot enfant tan bèu !
Rèn noun te fai gau,
Micoulau:
Fau bèn que siegues malaut.

3.
Dison que Nostre-Segne
Nous mando soun Fiéu;
Devèn pas plus rèn cregne
Sian lei bèn-ama de Diéu.
Eiçò vai pas mau,
Micoulau ,
Lèvo-te , sies plus malaut.

4.
Pastre , se vous sias sage,
Doublarés lou pas,
Pèr ana rèndre óumage
Au pichot qu'es dins lou jas.
Laisso lou bestiau ,
Micoulau ,
E davalo dóu coutau.

5.
Aquesto nuech es bruno,
Lou tèms es bèn sour;
Veirés pas rèn la luno ,
Que noun siegue quàsi jour:
Porto lou fanau ,
Micoulau ,
Que degun noun prengue mau.

6.
Pourtas vòstei flassado ,
E vòstei caban ,
Car fai uno jalado
Que fara boufa lei man:
Pren toun gros jargau ,
Micoulau,
Fai mai de fre que de caud.

7.
Quau pren soin de sa vido ,
Perd jamai soun tèm ;
La biasso bèn garnido
Fai ana l'ome countènt :
Porto toun barrau ,
Micoulau ,
Emé toun gros calendau.

8.
Aquéstei bònei fèsto,
Counfessas-vous bèn ,
Sèns vous metre à la tèsto
Leis afaire d'aquest tèm :
Vague bèn o mau ,
Micoulau ,
Tòuto pagara la sau !

NOUVÈ 4.

1. Ai! quouro tour-na- ra lou tèms, bre- ga- do? Ai! quou-ro tour-na-ra lou tèm Qu'e-rian en- sèn a-que- lo ves-pre- na-do Sus lei cou- tau de Be- te- lèn? Que ve-gue- rian tan de fla- ma- do, Que l'an- ge dóu cèu ven-guè d'u- no vou- la- do. Ai! quou-ro tour-na- ra lou tèms, bre- ga- do? Ai! quou-ro tour-na- ra lou tèm.

2.

Ai! quouro tournara lou tèms, bregado?
Ai! quouro tournara lou tèm?
Qu'ausiguerian uno tan bello aubado
De voues e d'estrumen ensèn!
Que de fredoun e de tirado!
N'ai jamai ausi plus bello serenado.
Ai! quouro tournara lou tèms, bregado?
Ai! quouro tournara lou tèm?

3.

Ai! quouro tournara, etc.
Que riguerian, aquelo matinado,
Qu'anerian vèire la Jacènt!
Escalavian à la mountado,
E barrulavian long de la davalado.
Ai! quouro tournara, etc.

4.

Ai! quouro tournara, etc.
Jamai chivau n'a miéu gagna civado,
Courrlan plu vite que lou vènt!
Fasian de saut e de cambado,
Que fasian sourti lou fio de la calado!
Ai! quouro tournara, etc.

5.

Ai! quouro tournara, etc.
Quand trouberian la Maire benurado,
E soun pichot dessus lou fèn,
Qu'avié besoun d'uno flassado,
Car avié toumbat uno grosso jalado.
Ai! quouro tournara, etc.

6.

Ai! quouro tournara, etc.
Quand uno estello bèn iluminado
Faguè bada bèn proun de gènt,
Que soulamen s'èro levado,
E davans lei Rèi èro toujour anado.
Ai! quouro tournara, etc.

7.

Ai! quouro tournara, etc.
Quand lou Pichot aguè la regalado
De mirro, d'or, emé d'encèn,
Quand lou plus vièi de l'assemblado
Lei li presentè dins sa coupo daurado.
Ai! quouro tournara, etc.

2.
Tous lei bergié
Qu'èron sus la mountagno,
Tous lei bergié
Au vist un messagié,
Que li a crida :
Metès-vous en campagno,
Que li a crida:
Lou Fiéu de Diéu es na !
La cambo me fai mau,
Bouto sello, bouto sello,
La cambo me fai mau,
Bouto sello à moun chivau.

3.
En aquest tèm
Lei fèbre soun pas sano,
En aquest tèm
Lei fèbre valon rèn ;
Ai endura
Uno fèbre quartano,
Ai endura
Sènso me rancura.
La cambo me fai mau, etc.

4.
Un gros pastras
Que fai la catamiaulo,
Un gros pastras
S'envai au pichot pas;
S'èi revira,
Au brut de ma paraulo ;
S'èi revira,
Li ai di de m'espera.
La cambo me fai mau,
Bouto sello, bouto sello,
La cambo me fai mau,
Bouto sello à moun chivau.

5.
Aquéu palot
Descausso sei sabato,
Aquéu palot
S'envai au grand galop;
Mai, se'n cop l'ai,
Li doumarai la grato,
Mai, se'n cop l'ai,
Iéu lou tapoutarai.
La cambo me fai mau, etc.

6.
Ai un roussin
Que volo dessus terro ;
Ai un roussin,
Que manjo lou camin !
L'ai acheta
D'un que vèn de la guerro ;
L'ai acheta
Cinq escut de pata.
La cambo me fai mau, etc.

7.
Quand aurai vist
Lou Fiéu de Diéu lou Paire,
Quand aurai vist
Lou Rèi de Paradis,
E quand aurai
Felecita sa maire,
E quand aurai
Fa tout ce que déurrai,
N'aurai plus gis de mau,
Bouto sello, bouto sello,
N'aurai plus gis de mau,
Bouto sello à moun chivau.

— 8 —

5.
(bis.)

1. Li a proun de gènt Que van en rouma- va- ge; Li a proun de gènt Que van en Be- te-

lèn. Li vo-le a- na, Ai quà-si proun cou- ra- ge, Li vo-le a- na, S'iéu po de ca- mi na. La

cam-bo me fai mau, Bou-to sel- lo, bouto sel- lo, La cambo me fai mau, Bouto sel-lo à moun chi-vau.

5.
(ter.)

1. Li a proun de gènt Que van en rou ma- va- ge; Li a proun de gènt Que van en Be- te-

lèn. Li vo-le a- na, Ai quà-si proun cou-ra-ge, Li vo-le a-na, S'iéu po de ca- mi- na. La

cambo me fai mau, Bou-to sel-lo, bouto sel- lo, La cambo me fai mau, Bou-to sello à moun chi-vau.

5.
(uater.)

1. Li a proun de gènt Que van en rou-ma-va-ge, Li a proun de gènt que van en Be-te-lèn: Li vo-le a-na, Ai quà-si proun cou-ra-ge, Li vo-le a-na, S'iéu po-de ca-mi-na. La cam-bo me fai mau, Bou-to sel-lo, bou-to sel-lo, La cam-bo me fai mau, Bouto sel-lo à moun chi-vau.

2.
Tous lei bergié
Qu'èron sus la mountagno,
Tous lei bergié
An vist un messagié,
Que li a crida:
Metès-vous en campagno,
Que li a crida:
Lou Fiéu de Diéu es na!
La cambo me fai mau,
Bouto sello, bouto sello,
La cambo me fai mau,
Bouto sello à moun chivau.

3.
En aquest tèm
Lei fèbre soun pas sano,
En aquest tèm
Lei fèbre valon rèn;
Ai endura
Uno fèbre quartano,
Ai endura
Sènso me rancura.
La cambo me fai mau, etc.

4.
Un gros pastras
Que fai la catamiaulo,
Un gros pastras
S'envai au pichot pas;
S'èi revira,
Au brut de ma paraulo;
S'èi revira,
Li ai di de m'espera.
La cambo me fai mau,
Bouto sello, bouto sello,
La cambo me fai mau,
Bouto sello à moun chivau.

5.
Aquéu palot
Descausso sei sabato,
Aquéu palot
S'en vai au grand galop;
Mai, se'n cop l'ai,
Li dounarai la grato,
Mai, se'n cop l'ai,
Iéu lou tapoutarai.
La cambo me fai mau, etc.

6.
Ai un roussin
Que volo dessus terro;
Ai un roussin
Que manjo lou camin!
L'ai acheta
D'un que vèn de la guerro;
L'ai acheta
Cinq escut de pata.
La cambo me fai mau, etc.

7.
Quand aurai vist
Lou Fiéu de Diéu lou Paire,
Quand aurai vist
Lou Rèi de Paradis,
E quand aurai
Felecita sa maire,
E quand aurai
Fa tout ce que déurrai,
N'aurai plus gis de mau,
Bouto sello, bouto sello,
N'aurai plus gis de mau,
Bouto sello à moun chivau.

2

NOUVÉ
6.

1. Un pau a- près lei tem- pou- ro, Lei Pas- tres è- ron de-

bout ; Saur-rièu pas bèn di- re quou- ro, Fa- sien chut, sèns di- re mout.

Lou tèms, ne- gre coume un Mou- ro, E- ro sour en a- quelo ou- ro,

E- ro sour en a- quelo ou- ro, Coume u- no gor- jo de loup.

2.	3.	4.
Lorsqu'au travers d'un gros nivo,	Quaucarèn de plus estrange	Aquesto fuguè plus bello :
Que s'ubrié de tout coustat ,	Arribèt après l'uiéu :	Un ange foundèt en bas
Sourtèt uno flamo vivo	Li perdèron rèn au change,	Plus subit qu'uno iroundello ;
Que cassè l'ouscurita ;	Avien grand gau d'èstre viéu	Se pausè sus un roucas,
Alor un chascun s'abrivo	Pèr ausi canta leis ange	Pèr li dire la nouvello
De crida : *Qui'a là? qui vive ?*	Qu'entounavon lei louange	Que d'uno maire picuccllo
D'ounte vèn tan de clarta ?	E la glòri dóu grand Diéu.	Diéu èro na dins un jas.

NOUVÉ
7

1. Ça ! me- nen re- jou- is- sèn- ço, Fa- sen fès- to dóu bon-

ur Que nous por- to la neis- sèn- ço De Jè su nos- te Sau-

vur, E per- den la sou- ve- nèn- ço De nòs- tei dar- ni- é mal- ur.

7.
(bis.)

1. Ça! me-nen re-jou- ïs- sèn- ço, Fa- sen fes- to dóu bo- nur Que nous por- to

la neis- sèn- ço De Jè- su nos- te Sau- vur, E per-den la sou- ve- nèn- ço De nòs-

tei dar- nié ma- lur, E per-den la sou- ve- nèn- ço De nòs- tei dar- nié ma- lur.

2.	3.	4.	5.
Erian dins un grand desordre,	Se sian foro la misèro,	Avèn tan de temouniage	Preguen dounc l'Agnèu qu'esfaço
E lou voulian bèn ansin ;	Grand Diéu! lou devèn qu'à vous.	De sa bono voulounta ,	Toutei nòstei mancamen,
Sounjavian rèn qu'à nous mordre	Avès fa noste Sant Pèro	Que lei vilos e vilage	Que counserve dins sa graço
L'un l'autre coume de chin.	Sage , bon, clemènt e dous ,	Que soun dedins lou Coumtat ,	Noste bon Papo Clement ,
Sènso Diéu que lia mes ordre ,	Que n'a ni fèu ni coulèro ,	Auran segur l'avantage	E que li garde sa plaço
N'en vesian jamai la fin.	E que n'es pas rigourous.	De se vèire bèn trata.	Au dessus dóu fiermamen.

Fin.

NOUVÈ
8.

1. Vi- ven u-rous e coun- tènt, Bre-ga-do! Vi- ven u- rous e coun- tènt !

Pièis-qu'a- ques- to ves- pre- na-do Nous me- no lou bon tous- tèm. Vi-

A- dam l'a- vié de-si- ra- do, E sa mou-lié fort lon- tèm. Vi-

2.

Viven urous e countènt,
    Bregado,
Viven urous e countènt !
La malurouso journado
Qu'avien fa lei bràvei gènt!
Viven urous e countènt,
    Bregado,
Viven urous e countènt!

Avien fach uno bugado,
Li avian toutei quaucarèn.
Viven urous e countènt,
    Bregado,
Viven urous e countènt !

3.

Viven urous e countènt,
    Bregado,
Viven urous e countènt !
Évo l'avié proun lavado,
Mai sèns soulèu se fai rèn.
Viven urous e countènt,
    Bregado,
Viven urous e countènt!

Crese que l'an bèn gardado,
Aro soulamen s'estènd.
Viven urous e countènt,
    Bregado,
Viven urous e countènt!

4.

Viven urous e countènt,
    Bregado,
Viven urous e countènt !
Sara bèn lèu eissugado :
A bon soulèu e bon vènt.
Viven urous e countènt,
    Bregado,
Viven urous e countènt!

Es quàsi deja plegado :
Prenen chascun noste bèn.
Viven urous e countènt,
    Bregado,
Viven urous e countènt !

NOUVÈ
9.

1. Pèr noum lan- gui long dòu ca- min, Coun- ten quau- co sour-

ne- to; Sus lou fi- fre e lou tam-bou-rin, Di- sen la can- sou- ne- to. Can-

ten Nou- vè, Nou- vè, Nou- vè, Nou- vè sus la mu- se- to.

9.
(bis.)

1. Pèr noun lan- gui long dóu ca- min, Coun- ten quau- co sour-ne- to; Sus lou fi-

fre e lou tambou-rin, Di- sen la can-soune- to. Canten Nou-vè, Nouvè, Nou- vè, Nouvè sus

la mu-se- to. Can-ten Nou- vè, Nou- vè, Nou- vè, Nou-vè sus la mu-se- to.

2.
Lou tèms nous a gaire dura.
Ves'eici la granjeto :
Lou bèu prumié que li intrara,
Que lève la barreto.
Canten Nouvè (quater) sus la museto.

3.
Helas! moun Diéu! lou bèl enfant!
Coume pren la pousseto !
Dirias avis que mor de fam :
Regardas coume teto !
Canten Nouvè, etc.

4.
Ai d'iòu, de farino e de la ,
Emai uno casseto ;
S'aviéu de flo, li auriéu lèn fa
Uno bono poupeto.
Canten Nouvè, etc.

5.
Lou pichot es mai mort que viéu ;
Jousè fai lei tacheto :
Dounas-me vite lou fusiéu,
La sinso e lei brouqueto.
Canten Nouvè, etc.

6.
L'enfant es fre coume de glas :
Pourgès-me l'escaufeto ;
Tenès, caufas-li soun pedas ,
Coumaire Guihauneto.
Canten Nouvè, etc.

7.
Aquesto crùpi vai au sòu ,
Coucha 'quelo saumeto.
Venès, qu'estacaren lou biòu :
Prestas-me vòstei veto.
Canten Nouvè, etc.

8.
Bono Vierge , Maire de Diéu ,
Bello e jouino bruneto ,
Nàutrei vous anen diro adiéu :
Vous leissen pas souleto !
Canten Nouvè, etc.

9.
(ter.)

1. Pèr noun lan- gui long dóu ca- min, Pèr noun lan- gui long dóu ca- min, Coun- ten

quau- co sour- ne- to; Sus lou fi- fre e lou tam-bou- rin, Di- sen la can-sou-

ne- to. Can-ten Nou- vè, Nouvè, Nou- vè, Nou- vè, sus la mu- se- to.

2.
Lou tèms nous a gaire dura.
Ves'eici la granjeto :
Lou bèu premié que li intrara,
Que lève la barreto.
Canten Nouvè (*quater*) sus la museto.

3.
Helas ! moun Diéu ! lou bel enfant !
Coume pren la pousseto !
Dirias avis que mor de fam :
Regardas coume teto !
Canten Nouvè, etc.

4.
Ai d'iòu de farino e de la ,
Emai uno casseto ;
S'aviéu de fio, li auriéu lèu fa
Uno bono poupeto.
Canten Nouvè , etc.

5.
Lou pichot es mai mort que viéu ;
Jóusè fai lei tacheto :
Dounas-me vite lou fusiéu ,
La sinso e lei brouqueto.
Canten Nouvè, etc.

6.
L'enfant es fre coume de glas ;
Pourgès-me l'escaufeto ;
Tenès , caufas-li soun pedas ,
Coumaire Guihaumeto.
Canten Nouvè, etc.

7.
Aquesto crùpi vai au sòu ,
Coucha 'quelo saumeto.
Venès , qu'estacaren lou biòu :
Prestas-me vòstei veto !
Canten Nouvè, etc.

8.
Bono Vierge, Maire de Diéu ,
Bello e jouino bruneto.
Nàutrei vous anen dire adiéu :
Vous leissen pas souleto !
Canten Nouvè , etc.

NOUVÈ
10

1. Ai ! la bo- no four- tu- no Que Jè- su sie- gue na ! Au cou- cha

de la lu- no, L'an-ge nous a sou- na. Bèn que la nue sie bru- no, fau a- na tous en- sèn Ve- si- ta la Ja- cènt.

10.
(bis.)

1. Ai! la bo- no four- tu- no Que Jè- su sie- gue na! Au

cou- cha de la lu- no, L'an- ge nous a sou- na ; Bèn que la nue sie

bru- no, Fau a- na tous en- sèn Ve- si- ta la Ja- cènt.

2.

Leissaren la familho
Que Diéu nous a douna ;
Lei garçoun e lei filho,
Lei poudèn pas mena :
Nàutrei que sian bon drilho,
Vóularen lei coutau ;
Li saren dins un saut.

3.

Pèr vous-àutrei, pastresso,
Gardarés lou bestiau,
E sarés lei mestresso
De ce qu'es à l'oustau ;
Em' aquelo proumesso,
Que saren de retour
Dins tres o quatre jour.

4.

Eila vers la pinedo
Coundusès lou troupèu ;
Parquejas vòstei fedo,
Castejas leis agnèu.
Se n'ia pas proun de cledo,
Noste bon chin Gardoun
Gardara lei móutoun.

5.

Quand saren à la jaço,
Qu'es acò que faren ?
N'i a ni pan ni fougasso,
E de que dinaren ?
Garnissen nòstei biasso,
Aro qu'avèn lesi
De nous bèn prouvesi.

6.

Es verai que lei Mage
Sourtiran dóu Levant
Pèr veni rèndre óumage
A-n-aquéu bèl Enfant ;
Mai toujour l'avantage
Es à nàutrei, Bergié,
D'èstre lei bèu premié.

NOUVÉ 11.

Pièis- que l'our-guei de l'u- ma-no na- tu- ro, É- ro moun-ta jus-qu'à Diéu a moun-daut, Un O- me Diéu, pèr re-pa-ra l'in- ju- ro, Fau que des-cèn- de dóu cèu ci-ça- vau.

11. *(bis.)*

1. Pièis-que l'our-guei de l'u- ma-no na- tu- ro É- ro moun-ta jusqu'à Diéu a moun-daut, Un O- me Diéu, pèr re- pa-ra l'in- ju- ro, Fau que des- cèn- de dóu cèu ci-ça- vau.

2.

Quand bèn Adam n'aurié gis fa de fauto,
Lou Fiéu de Diéu sarié toujour vengu ;
Sa qualitat es si grando e si auto,
Qu'èro besoun que fusse counèigu.

3.

Lou marrit lie qu'uno pèiro de taio !
Un gros caiau es un couissin bèn dur !
Aquéu bèu fru qu'es sus un pau de paio,
Emé lou tèms se rendra bèn madur.

4.

Aquel enfant es trop jouine e trop tèndre,
Traite Judas ! n'auriés gaire d'argent,
S'entrepreniés toutaro de lou vèndre :
Espèro dounc qu'age un pau mai de tèm.

5.

Es delica mai que noun pourriéu dire,
Lou mendre mau li causarié la mort :
Pourra bèn mai endura de martire,
Quand sara grand e que sara plus fort.

6.

Si tu vesiés, Adam, à ta presènço,
Lou Fiéu de Diéu mouri pèr toun amour,
Pourriés bèn dire: Urouso es moun óufènso,
Qu'a meritat un si grand Redentour !

1. Ve— nès lèu Vèi— re la piéu— cel— lo; Ve— nès lèu, Gen— ti pas—tou— rèu! Soun en— fant es pu blanc que la nèu, E tre—lu— sis cou—me uno es— tel— lo. Ai! ai! ai! que la mai—re es bel— lo! Ai! ai! que l'en— fant es bèu.

2.

Hòu! Cristòu,
La nuech es fort claro,
Hòu! Christòu,
Sauto vite au sòu,
E vai-t'en au païs dei Jusiòu,
Vèire Jèsu, qu'es causo raro.
Hòu! hòu! hòu! me lève toutaro,
Hòu! hòu! toutaro li vòu.

3.

Qu 's aqui
Que bat de la sorto?
Qu 's aqui?
Sian vòsteis ami,
Que pourten un parèu de cabrit :
Dison qu'es bon ami qu porto.
Ta! ta! ta! druvès-nous la porto,
Ta! ta! venès nous druvi!

4.

Avès tort,
Vous e vòstei filho,
Avès tort
De pica tan fort;
Vàutrei, pastre, sias tous de butor,
Poudès jamai teni sesiho.
Chut! chut! chut! que l'enfant soumiho,
Chut! chut! que lou petit dor.

5.

Gros badau,
N'aurés jamai pauso!
Gros badau,
Teisas-vous un pau!
Parlas plan, e marchas tan pu siau
Coume fai uno cacalauso.
Plan! plan! plan! que l'enfant repauso;
Plan! plan! leissas-l'en repau.

3

NOUVÈ
13.

1. Ai proun cou-nei- gu Toun jo, ta ma- li- ce E teis ar- te- fi- ce, Trai- te ba- na-

ru! Me mo-que de tu; Fas lou pa-ro ga-ro, N'as que de fan- fa-ro; Pa-ro ga-ro,

Pa- ro ga-ro- te da- vans de iéu, Car iéu n'a- me rèn que lou Fiéu de Diéu.

2.	3.	4.	5.
Tu sies desarma ,	Ai proun escouta	Ta taulo tambèn	Se dones d'argènt ,
N'as rèn que te pare ,	Toun cant , ta metodo	N'es pas de requisto ;	Aussitost s'envolo ;
De bèu ni de rare ,	N'es pas à la modo ;	Countènto la visto ,	Tu fas de pistolo
Pèr poudé charma	N'i a pas de bèuta	E pièi noun li a rèn	Que noun valon rèn
E te faire ama.	Pèr nous encanta ;	A planta lei dènt ;	Qu'a troumpa lei gènt.
As trop laido caro ;	N'as pas la voues claro,	N'i a que d'aigo claro	As la man avaro ,
Fuge-t'en toutaro.	Taiso-te toutaro.	Qu'es toujour amaro.	Fuge-t'en toutaro.
Paro garo-te , etc.	Paro garo-te , etc.	Paro garo-te , etc.	Paro garo-te , etc.

NOUVÈ
14.

1. Chut ! tei-sas-vous: m'es a- vis qu'au-se- no voues, M'es a- vis qu'au-se- no

voues : Es l'E- cò la ba- bi- har-do Que re- sou-no dins lou boues. Que re- sou-no dins lou boues. Ta- ra-ro poun poun! Ta- ra-ro poun poun! Ta- ra-ro poun poun! Ta- ra- ro poun

poun! Coumpagnoun, prenès bèn gardo Que n'arribe rèn à nòs-tei móutoun, Que n'arri-be rèn à nòs-tei móu-toun.

2

Qu'es tout eiçot? es belèu d'enfantarié...	Eciio. — Es belèu d'enfantarié...
— Crese pas, car lei troumpeto	
Soun de la cavalarié.	Soun de la cavalarié.
Tararo poun poun!	Tararo poun poun!
Tararo poun poun!	Tararo poun poun!
De sóudard la costo èi neto,	
La pas èi pèr tous caires e cantoun.	La pas èi per tous caires e cantoun.

3

Es bèn resoun qu'un chascun parle à soun tour;	Qu'un chascun parle à soun tour;
Es quauque courrié que passo,	
Que vai, o vèn de la court.	Que vai, o vèn de la court.
Tararo poun poun!	Tararo poun poun!
Tararo poun poun!	Tararo poun poun!
Es lou Grand Venur que casso,	
Que dono dóu cor, lou counèisse proun.	Que dono dóu cor, lou counèisse proun.

4

Li a quaucarèn que n'avèn pas devina:	Que n'avèn pas devina.
Vese dóu coustat dóu polo,	
Tout lou cèu enlumina.	Tout lou cèu enlumina.
Tararo poun poun!	Tararo poun poun!
Tararo poun poun!	Tararo poun poun!
Vesès-vous acò que volo?	
Sèmblo tout-à-fèt un poulit garçoun.	Sèmblo tout-à-fèt un poulit garçoun.

5

Paurei bergié, vàutre sias bèn estouna!	Vàutre sias bèn estouna!
Auto! prenès bon courage,	
Car lou Fiéu de Diéu es na.	Car lou Fiéu de Diéu es na.
Tararo poun poun!	Tararo poun poun!
Tararo poun poun!	Tararo poun poun!
Vèn vous tira d'esclavage,	
E douna soun sang pèr vosto rançoun.	E douna soun sang pèr vosto rançoun.

NOUVÈ
15.

Our- gu- hious plen de ma- ga-gno, Que te par- gues coume un gau, E dins

lei me- iour coumpagno, Te goun-fles cou-me un cra- paud ; Sies- tu pas bèn mi- se- ra- ble D'a- vé

tan de va- ni- ta, Pièis-que Diéu dins un es- ta- ble Pra- ti- co l'u- me- li- ta?

15.
(bis.)

Our- gu- hious plen de ma- ga-gno, Que te pargues coume un gau, E dins lei me- iour coum-

pa- gno, Te goun-fles coume un cra- paud, Sies- tu pas bèn mi- se- ra- ble D'a- vé

tan de va- ni- ta, Pièis-que Diéu dins un es- ta- ble Pra- ti- co l'u- me- li- ta?

2.

Tu que fas milo souplesso,
Que cerques à t'engaja
A l'amour d'uno mestresso,
Iéu te vole bèn louja :
Vène , que n'en veiras uno
Que li manco pas un péu ,
Qu'es pu blanco que la luno,
Pu bloundo que lou soulèu.

3.

Tu que cerques tei delice,
Que n'ames que tei plesi,
Quouro quitaras lou vice?
N'auras-tu jamai lesi?
N'as-tu pas vergougno d'estre
Toujour dins aquel estat?
Veses-tu pas que toun Mèstre
A fa vu de paureta?

4.

Tu que sies lou mauvai riche ,
Eiserço la carita ;
Ei paure siegues pas chiche ,
Dono-li quauque pata ;
Diéu, dins aquelo bastido ,
Dono tout à seis amis ,
Soun amour , soun sang , sa vido,
Sa mort e soun Paradis.

LOU PASTRE.

NOUVÉ
16.

1. Diéu vous gard', nos-te mès-tre, Cer-cas un au-tre ber-gié ; Iéu

lou vo-le plus ès-tre, Vous de-man-de moun coun-jiet.

LOU MÈSTRE.

Tu te sies bèn léu gas-

ta : La joui-nes-so Mau a-pres-so De-man-do rèn que la li-ber-ta.

2.

LOU PASTRE. Ves'eici l'enventàri
De tout ce qu'es au troupèu ;
Se counten lou bestiàri ,
Mancara pas uno pèu.
LOU MÈSTRE. Lou bonjour que m'as douna
Taravello
Ma cervello ;
Digo-me dounc vounte vos ana.

3.

LOU PASTRE. Iéu m'envau faire un viage
Au païs de Betelèn ,
Dounas-m'un pau mei gage ,
Ai besoun de moun argènt.
LOU MÈSTRE. Aqui passon quand s'envan !
D'ourdinàri
Lou salàri
Se pago pas qu'à la fin de l'an.

4.

LOU PASTRE. Mèstre , cresès un sage ,
Venès-vous-en emé iéu ,
Vous aurés l'avantage
D'adoura lou Fiéu de Diéu.
LOU MÈSTRE. Me voudriés proun debita
Quauco bourlo ,
Marrit chourlo !
N'es pas à iéu que n'en fau counta.

5.

LOU PASTRE. Es fort bèn veritable,
Que lou pichot innoucènt
Es na dins un establo
Qu'es auprès de Betelèn.
LOU MÈSTRE. Que lou Fiéu de Diéu sie na ?
Pèr lou crèire,
Lou fau vèire ;
Iéu pode pas me l'imagina.

6.

LOU PASTRE. Veici mei camarado
Que me vènon averti
Que la luno es levado,
Que toutaro fau parti.
LOU MÈSTRE. Anaren dounc tous ensèn :
La coumpagno,
En campagno,
Vounte qu'anen fai toujour grand bèn.

NOUVÈ
17.

1. Vers lou pour- tau Sant- La- ze, Un pas-tre, de matin, Ve- nié long dóu ca- min, Mounta des- sus soun
a- se ; Li ai di : Gai pas- tou- rèu, Li a- ti rèn de nou- vèu ?

2.

A bouta sa mounturo
A l'abri d'un bouissoun,
E pièi, à sa façoun,
M'a dich uno aventuro.
Jamai n'ai rèn ausi
Emé tan de plesi :

3.

Quand m'a di que Marìo,
Rèino de Paradis,
Avié fach un bèu Fis
Qu'èro lou vrai Messìo,
E qu'éu, en grand respèt,
Li avié leissa lei pèu.

4.

M'a bèn di d'àutrei causo
Qu'iéu noun vous dise pas,
Surtout d'un marrit jas
Vounte l'enfant repauso ;
E pièi s'es enana,
Perqoquó l'an souna.

5.

A destaca soun ase,
E li es mounta dessu ;
M'a di : Bonjour, Moussu !
Mai, que noun vous desplase !
M'envau vous dire adiéu ;
Souvenès-vous de iéu.

6.

Ai pres moun escritòri,
Ai bouta pèr escri
Tout ce que m'avié di ;
E de fresco memòri,
Sus l'èr que vous savè
Ai fach aquest nouvè.

OUVÉ 18.

1. He- las! qu noun au- rié pie- ta, Quand vei- rié la grand pau-re-
ta Vount soun re- du, pe- chai- re! Sant Jóu- sè, lou bon se- gne-grand,
E soun tan bèu pi- chot en- fant, E- mé sa pau-ro mai- re?

2.

Soun tous tres pauramen loujas
Dins un cantoun d'un marrit jas,
  Tout descubert, pechaire!
Noun li a ni fusto ni travet,
Li a rèn que lei quatre paret,
  Emai noun valon gaire.

3.

Lou pichot enfant mor de fre,
E Sant Jóusè s'endor tout dre
  Sus soun bastoun, pechaire!
Un paure ome qu'es tracassa,
Iéu vous laisse un pau à pensa
  Qu'es acò que pòu faire.

4.

Quand vèi l'enfant dins un tau lio,
E que n'a pas brigo de fio,
  Pèr l'amaga, pechaire!
Li fai un brès de soun capèu,
Un làni de soun gros mantèu,
  Pedas de soun moucaire.

5.

Lou pichot fai rèn que ploura;
Sa maire fai que souspira,
  E Sant Jóusè, pechaire!
Es talamen descounsoula
Que qu lou voudri' assoula,
  Aurié bèn proun à faire.

6.

Un Ange es descendu dóu cèu,
Que vóulavo coume un aucèu,
  Pèr li dire: Pechaire!
Devès pas tan vous atrista,
Car acot es la voulounta
  Dóu Segnour Diéu lou Paire.

7.

Tout ce que vesès endura
A-n-aquéu pichot, dèu dura
  Quauque pau mai, pechaire!
Car pèr lei pàurei pecadous
Fau que more sus uno crous
  Au mitan de dous laire!

NOUVÈ
19.

1. Li a quau-ca- rèn que m'a fa pòu, Dóu long de la car- rie- ro, Que ti- ras-

sa- vo pèr lou sòu un tros de sar- pe- lie- ro.

19.
(bis.)

1. Li a quau-ca- rèn que m'a fa pòu, Dóu long de la car-rie-

ro, Que ti-ras- sa- vo pèr lou sòu Un tros de sar-pe- lie- ro.

2.
Me siéu pres gardo quantecant
Qu'èro uno vièio femo
Pu longo qu'un grand jour sèns pan,
Pu maigro que **Caremo.**

3.
Em'uno daio entre sei man,
Se fasié faire plaço,
Lorsqu'un jòli petit enfant
Li vèn douna la casso.

4.
Emé dous gros bastoun en crous
Li fretavo l'esquino,
En li disènt: Retiras-vous,
Gros aucèu de rapino!

5.
Èro laido coume pecat,
La vièio desdentado:
Elo avié lei dous ue trauca,
E la tèsto pelado.

6.
Avié tout lou vèntre cura,
Semblavo un brus d'abiho:
E sul pas qu li avié gara
Lou nas e leis auriho.

7.
Sei man, sei pèd fasien esfrai,
E sei cambo d'aragno,
Que servirien, au mes de mai,
Pèr espóussa l'eigagno.

8.
Vous diriéu bèn quant a de tèms,
Car ai soun batistèri:
Ame mai vous dire lou sèns
De tout aquéu mistèri:

9.
Dins lou jas aquel enfant dor
Sus de paio pourrido:
Es éu que vèn cassa la mort
Pèr nous douna la vido.

1. L'An-ge qu'a pour-ta la nou- vel- lo Ei ber-gié des-sus lou cou-tau, A di qu'u- no joui-no pién-cel- lo, A- nue dins un mar-rit ous- tau, A fach un fiéu Qu'es O- me- Diéu! Ja- mai a- fai- re noun pòu a- na miéu.

2.

Fau qu'eiçò siege lou Messio
Que lei Paires avien proumés,
Dins lou libre dei proufecìo
Que disié que dins quàuquei mes,
  Nàutrei veirian
  Un bèl Enfant
Que pagarié tous lei dèute d'Adam.

3.

Uno estello coundus lei Mage
Dins la vilo de Betelèn;
Que s'envan pèr li rèndre óumage
E li porton de bèu presènt;
  L'an adoura,
  L'an amira,
Coume un Messio tan fort desira.

4.

Mai tournas un pau la medaio,
E regardas-la de l'envèr:
Lou veirés sus un pau de paio,
Tout nus au pu gros de l'ivèr,
  Dessus lou sòu,
  Sènso linçou,
Éu es coucha près d'un ase e d'un biòu.

5.

L'ase, que recounèis soun mèstre,
Es aqui que li fai la court;
E lou biòu, que vòu toujour èstre
A l'entour de soun bon Segnour,
  Pèr l'escaufa,
  De tout coustat,
Aquéu pauret fa jamai que boufa,

6.

N'es pas rèn tout ce qu'éu enduro,
Auprès de ce qu'endurara:
Ni lou fre ni la jaladuro,
Sara pas ce que lou tuara:
  Dessus la Crous
  Mourra pèr nous,
E pièi saren à jamai benurous.

4

20. *(bis.)*

1. L'An-ge qu'a pour-ta la nou-vel-lo Ei ber-gié des- sus lou cou-tau, A di qu'u- no joui-no piéu-cel-lo, A- nue dins un mar-rit ous- tau, A fach un fiéu Qu'es O- me-Diéu: Jamai a- fai-re noun pòu a- na miéu.

2.
Fau qu'eiçò siege lou Messìo
Que lei Paires avien proumes,
Dins lou libre dei proufecìo
Que disié que dins quàuquei mes,
　Nàutre veirian
　Un bèl Enfant
Que pagarié tous lei dèute d'Adam.

3.
Unò estello coundus lei Mage
Dins la vilo de Betelèn,
Que s'envan pèr li rèndre óumage
E li porton de bèu presènt;
　L'an adoura,
　L'an amira,
Coume un Messìo tan fort desira.

4.
Mai tournas un pau la medaio,
E regardas-la de l'envèr:
Lou veirés sus un pau de paio,
Tout nus au pu gros de l'ivèr,
　Dessus lou sòu,
　Sènso linçòu,
Éu es coucha près d'un ase e d'un biòu.

5.
L'ase, que recounèis soun mèstre,
Es aqui que li fai la court;
E lou biòu que vòu toujour èstre
A l'entour de soun bon Segnour,
　Per l'escaufa,
　De tout coustat
Aquéu pauret fa jamai que boufa.

6.
N'es pas rèn tout ce qu'éu enduro,
Auprès de ce qu'endurara:
Ni lou fre ni la jaladuro,
Sara pas ce que lou tuara:
　Dessus la Crous,
　Mourra pèr nous,
E pièi saren à jamai benurous.

NOUVÉ 21.

1. Nau- tre sian d'en-fant de Cor Que sian de-mou-ra d'a-cord De s'a-na Per-me- na En Ju- dè- io, Ga- li- lè- io; De s'a- na Per- me- na Au pa-ìs que Diéu es na.

2.
Lou bèu jour deìs Innoucènt,
Partiren toutes ensèn.
  La favour,
  Aquéu jour,
  Nous fai èstre
  Toutei mèstre;
  La favour,
  Aquéu jour,
Nous dono tous leis ounour.

3.
Jaques, à l'aubo dóu jour,
Fau que bate dóu tambour
  Ei cantoun
  D'Avignoun,
  Ei carriero
  Coustumiero,
  Ei cantoun
  D'Avignoun,
Pèr souna sei coumpagnoun.

4.
Pièisque lou pichot Loui
Dis que se fau rejouï,
  Cantaren,
  Dansaren,
  Faren chiero
  Tout entiero;
  Cantaren,
  Dansaren,
Au defrùtu que faren.

5.
Francés dira de nouvè
Sus lou cant dei menuèt:
  E Bernard,
  Sus lou tar,
  Pèr aubado,
  Regalado,
  E Bernard,
  Sus lou tar,
Cantara lou traquenard.

6.
Jan-Batisto emé Pierrot
Faran peta lei garrot,
  A l'ounour,
  Dóu Segnour,
  De soun Paire,
  De sa Maire;
  A l'ounour,
  Dóu Segnour
Qu'es vengu li a quàuquei jour.

7.
Proufiten d'aquéu bèu jour,
Ai pòu que sara trop court!
  Troubaren
  E veiren
  Qu'après fèsto
  Lou fòu rèsto;
  Troubaren
  E veiren
Que clerc sian e clerc saren.

NOUVÈ 22.

1. Tò-ni, Gui-hèn, Pei-roun, Jouan, Es-tè-ve, Sau-vai-re, Qui-tas vòs-tei móu-toun, leis-sas vòstes a-rai-re, Courrès, despachas-vous, venès vèire vi-ta-men L'Enfant e-mé la Mai-re.

2.
Quitas vòstei móutoun, leissas vòstes araire,
Lou Fiéu de Diéu es nat, eici dins lou terraire. — Courrès, etc.

3.
Lou Fiéu de Diéu es nat, eici dins lou terraire,
Es dins un marrit jas tout dèscubert, pechaire! — Courrès, etc.

4.
Es dins un marrit jas tout descubert, pechaire!
Quand sarés dins lou jas, veici ce que fau faire. — Courrès, etc.

5.
Quand sarés dins lou jas, veici ce que fau faire:
Anas beisa lei pèd dóu Fiéu de Diéu lou Paire. — Courrès, etc.

6.
Anas beisa lei pèd dóu Fiéu de Diéu lou Paire,
E recouneissès-lou coume voste bon fraire. — Courrès, etc.

7.
E recouneissès-lou coume voste bon fraire.
Quand l'aurés adoura, metès-vous à-n-un caire. — Courrès, etc.

8.
Quand l'aurés adoura, metès-vous à-n-un caire.
Li dèu veni trei Rèi, emai n'istaran gaire. — Courrès, etc.

9.
Li dèu veni trei Rèi, emai n'istaran gaire;
Quand saran arriba, lei fagués pas mau traire. — Courrès, etc.

10.
Quand saran arriba, lei fagués pas mau traire,
Car vous farien vira coume de debanaire. — Courrès, etc.

11.
Car vous farien vira coume de debanaire;
Regardas soulamen aquélei bèus afaire. — Courrès, etc.

12.
Regardas soulamen aquélei bèus afaire,
E pièi gagnas dóu pèd coume leis amoulaire.

Courrès, despachas-vous, venès vèire vitamen
L'Enfant emé la Maire.

NOUVÈ 23.

1. Un bèu ma- tin ve- guè- re uno a- cou-cha-do, Dins un marritjas, Sus un pau de fu- me-ras, E

sèt à vue pas- tras Ven-guè-ron fai- re l'a- cou- la- do Au pi-chot qu'è- ro en- tre sei bras.

2.

Lou bèu premié fasié bèn tan lou mato
Qu'un bigot ririé
De vèire sei matarié :
Contro lou rastelié,
Jitèt uno de sei sabato,
En fasènt lou pèd en arrié.

3.

Aquéu gavot de la pu fino grano,
Sènso gis de respèt,
S'aprouchè de Sant Jóusè,
E, rede coume un trèt,
Lou bièu li dounè de la bano,
E l'ase li dounè dóu pèd.

4.

Sei coumpagnoun van s'esclafi dóu rire,
E, à sa façoun,
Fan peta lou gargassoun;
Dins lou lio vounte soun,
Aurien bèn encaro fa pire,
Sènso que li ai fa la leiçoun.

5.

— Lou bèu jouguet! la bello countenènço!
Teisas-vous un pau.
Vautre sias de grand badau,
De rire à tout prepau.
Sounjas que sias à la presènço
De Diéu, qu'es dins aquest oustau.

NOUVÈ 24.

1. Cer- qués plus dins un mar- rit es- ta- ble, Un en-

fant, jò- li, pe- tit, mi- gnoun: L'En- fant Jè- su, tan bèu,

tan a- mi- ra- ble, Lou trou- ba- rés ei- ci dins A- vi-gnoun.

2.

Pèire l'amo bèn de talo sorto
Que lou vòu louja dins soun oustau :
Tan pèr ubri que pèr sarra la porto,
Lou benurous se countènto dei clau.

3.

Se vèi-ti dins toutei leis istòri
Un pu grand e pu puissant Segnour ?
Despièi qu'éu a manifesta sa glòri,
Grans e petit li van faire la court.

4.

Pèr li faire uno fort bello plaço,
Li aven mes la mita dei Presoun,
Pèr counteni lou pople que s'amasso,
Toutei lei fèsto, davans sa meisoun.

5.

Mai de tout n'en fau douna la glòri
E l'ounour à Moussu Lomellin ;
Fau qu'Avignoun celèbre sa memòri,
Jusques à tan que lou mounde age fin.

OUVÈ
25.

1. Dóu tèms de l'Em-pè-ri rou-man, Li a mai de milo-e-sièis-cèns an, Lorsque te-

nié l'A-fri- co, Que l'U-ro-poè-ro sout sa man, L'A-si-oe l'A-me-ri- co ;

2.

Cesar Augusto, l'Emperour,
Diguèt ei prince de sa court :
Qu'un chascun me secounde !
Fau qu'iéu sache dins quàuquei jour,
Quand li a de gènt au mounde.

3.

Milo courrié, milo pietoun
S'envan pèr caires e cantoun ;
Fan pertout faire crido
Qu'un chascun dounara soun noum,
Sus peno de la vido.

4.

Li avié, dins toutei lei ciéuta,
De coumissàri deputa
Pèr prendre leis óumage,
Lei noum, surnoum e qualita
Dei gènt dóu vesinage.

5.

La troumpeto de Nazarèt
Metè leis abitant sus pèd :
Tout lou mounde s'emprèsso
D'ana vite dire soun fèt,
Pèr evita la prèsso.

6.

Mario diguèt à Jóusè :
Chascun s'envai, vous lou vesè ;
Ai ausi la troumpeto :
Parten deman, si me cresè,
E menen la saumeto !

7.

Lou lendeman, toui dous ensèn
Eisecutèron soun dessèn ;
Li avié trop grand journado :
Quand fuguèron à Betelèn,
Fuguè grand nue sarrado.

SANT JOUSÈ.

NOUVÉ
26.

1. Hòu! de l'ous-tau! mès-tre, mes- tres-so, Var-let, cham-brie-ro, ci li a res? Ai de-ja pi-ca proun de fes, E res noun vèn! Quin-to ru-des- so! Me siéu de-ja le-va tres cop; S'eiçò du-ro, dourmirai gai-re. Qu pico abas? qu'es tout a–cò? Quau sias? que voulès? que fau fai— re?

2.

SANT JOUSÈ.

Moun bon ami, prenès la peno
De descèndre un pau eiçavau :
Voudrias louja dins voste oustau,
Iéu soulamen emé ma feno ?

L'OSTE.

Vautre sias de troublo-repau;
Sias d'aquéstei batur-d'estrado
Que sounjas rèn qu'à faire mau.
Adioussias, ma porto es sarrado.

3.

SANT JOUSÈ.

Nazarèt es nostro patrio ;
Iéu siéu pas tau que me cresè:
Siéu fustié, m'apelle Jóusè,
Ma femo s'apello Mario.

L'OSTE.

Ci li a proun gènt, vole plus res ;
Diéu vous done meiour fourtuno !
Si me cresès, demandarés
Vcount es lou lougis de la Luno.

4.

SANT JOUSÈ.

Retiras-nous, que que nous coste !
Loujas-nous dins lou galatas ;
Vous pagaren noste repas,
Coume s'erian à taulo d'oste.

L'OSTE.

Voste soupa sara mau cue ;
Crese que farés pauro chiero ;
Car pèr segur, aquesto nue,
Vous loujarés à la carriero.

5.

SANT JOUSÈ.

Nous tratés pas d'aquelo sorto.
Helas! vesès lou tèms que fai !
Durbès-nous! S'istas gaire mai,
Nous troubarés mort à la porto !

L'OSTE.

Vosto moulié me fai pieta,
E me rènd un pau plus afable:
Vous loujarai pèr carita
Dins un pichot marrit estable.

2.

Lou desplesi, lou tracas, la tristesso,
La pudentour, la nue, lou mauvai tèm,
La fam, la set, lou frech e sa feblesso
Fuguèron causo d'aquel aucidènt.

3.

La tressusour mountè sus soun visage, .
E chasque péu li fasié soun degout;
Sènso la Vierge, aurié perdu courage,
Que l'eissuguèt emé soun moucadou ;

4.

E li diguè: Iéu qu'ai lou cor pu tèndre,
Resiste à tout e noun me fau de rèn.
Que vous fugués lou premié de vous rèndre,
Certo, Jóusè, que n'en diran lei gènt !

5.

Tout aussitost Jóusè prenguèt aleno,
Se remetèt e parlè quantecant.
Un pau après, sèns doulour e sèns peno,
Elo acouchè d'un fort poulit enfant.

NOUVÈ
28.

1. Sus lou cou-tau, Lei pas-tres en re-pau, Près de soun ca-ba-nau, Gar-da-
von lou bes-tiau, Que noun pren-guès-se mau; La ne-gro nue li a-vié ga-ra la vis-to,
U-no clar-ta dóu cèu à l'em-pre-vis-to Ven-guè, E leis es-blou-i-guè.

2.

N'i'aguè bèn nòu,
Pulèu mato que fòu,
Que, de la malo pòu,
Dounèron tous au sòu,
E de cap e de còu.
L'Ange diguè : Sus! levas-vous, bregado!
Que vosto pòu à la fin sie passado :
Iéu siéu
Lou Messagié de Diéu.

3.

Diéu a douna
Soun Fiéu Jèsu qu'es na,
Que vèn vous perdouna :
Vous li fau tous ana,
Vous li vole mena ;
Vous troubarés aquéu Diéu adourable
En Betelèn, dins un marrit estable,
Au sòu,
Près d'un ase e d'un biòu,

4.

Aurien ausi
Voulountier, à plesi,
Un councert bèn chausi
Qu'avié deja brusi ;
Mai n'avien pas lesi.
D'Ange disien dessus sei lut d'ivòri :
Au Diéu d'en aut sie tout ounour e glòri !
E pas
Eis ome d'eilabas !

TROUVÈ
29.

1. Lei pas-tou- rèu An fach uno as- sem- bla- do, Lei pas-tou- rèu An ten-

gu lou bu- rèu; A- qui chas- cun a di sa ras-te- la- do, E s'es coun-

clu, la pa- rau- lo dou- na- do, D'a- na Vers lou pi-chot qu'es na.

2.	**3.**	**4.**
Toutes ensèn	Coume faran	Quint fre que fai !
Se soun mes en campagno ,	Pèr noun senti la biso?	Vount èi ma camisolo?
Toutes ensèn	Coume faran ?	Quint fre que fai !
Em'un fort mauvai tèm.	Ai pòu que periran,	Se dis lou gros Gervai :
Es bèn verai que lei gènt dei mountagno	Tous seis abi soun que de telo griso ,	Sènte deja que lou cors me tremolo ;
Soun fach à tout, cregnon rèn la magagno:	Soun tous trauca, li veson la camiso :	Siéu tout jala, pode pas tira solo ;
S'envan ,	Lei trau	Lou fre
E laisson sei caban.	Tènon pas gaire caud !	Me fai boufa lei det.

5.	**6.**
Nòstei pastras ,	Laisson au sòu
A tres ouro sounado ,	Dous o tres bon froumage ;
Nòstei pastras	Laisson au sòu
Arribon dins lou jas :	Uno dougeno d'iòu :
Lou capèu bas e la tèsto courbado ,	Jóusè li dis : Fasès que fugués sage.
Van, tout courrènt, saluda l'acouchado ,	Tournas-vous-en, e fasès bon vouiage.
E fan	Bergié ,
L'acoulado à l'enfant.	Prenès voste counjiet.

— 34 —

9.
(ater.)

1. Lei pas— tou— rèu An fach uno as— sem— bla— do, Lei pas— tou—

rèu An ten-gu lou bu— rèu; A— qui chas-cun a di sa ras-te— la-do, E s'es coun-

clu, la pa— rau— lo dou— na-do, D'a— na, D'a— na Vers lou pi— chot qu'es

na.

2.

Toutes ensèn
Se soun mes en campagno ,
Toutes ensèn
Em'un fort mauvai tèm ;
Es bèn verai que lei gènt dei mountagno
Soun fach à tout, cregnon rèn la magagno:
S'envan ,
E laisson seï caban.

3.

Coume faran
Pèr noun senti la biso?
Coume faran?
Ai pòu que periran.
Tous seis abi soun que de telo griso,
Soun tous trauca, li veson la camiso :
Lei trau
Tènon pas gaire caud !

4.

Quint fre que fai !
Vount èi ma camisolo?
Quint fre que fai !
Se dis lou gros Gervaï :
Sènte deja que lou cors me tremolo ;
Siéu tout jala, pode pas tira solo ;
Lou fre
Me fai boufa lei det.

5.

Nòstei pastras ,
A tres ouro sounado ,
Nòstei pastras
Arribon dins lou jas :
Lou capèu bas e la tèsto courbado,
Van, tout courrènt, saluda l'acouchado ,
E fan
L'acoulado à l'enfant.

6.

Laisson au sòu
Dous o tres bon froumage ;
Laisson au sòu
Uno dougeno d'iòu :
Jóusè li dis : Fasès que fugués sage.
Tournas-vous-en, e fasès bon vouiage.
Bergié ;
Prenès voste counjiet.

NOUVÉ
30.

1. Soun tres o- me fort sa- ge Que van en Be- te- lèn;

Leis a- pel- lon de Ma- ge, Per- ço- que soun sa- vènt. Soun

tres o- me fort- sa- ge Que van en Be- te- lèn.

30.
(bis.)

1. Soun tres o- me fort sa- ge Que van en Be- te-

lèn; Leis a- pel- lon de Ma- ge, Per- ço- que soun sa-

vènt. Leis a- pel- lon de Ma- ge, Per- ço- que soun sa- vènt.

2.	3.	4.	5.	6.
o nouvello estello,	Savon l'astrologio	An juja que l'estello	An vist la proufecìo,	Se soun mes en vouiage,
a coustat dóu Levant,	Pèr poudé devina,	Es lou signe d'un rèi	E soun esta countènt,	Pèr ana l'adoura ;
tbrihanto e fort bello,	E la filosofio	Qu'es nad'uno piéucello,	Que dis que lou Messio	Eiça , sus lou passage ,
parèis au davan,	Pèr poudé resouna.	Pèr nous douna sa lèi.	Vendra de Betelèn.	Iéu lei vau espera.
o nouvello estello,	Savon l'astrologio	An juja que l'estello.	An vist la proufecìo ,	Se soun mes en vouiage,
u coustat dóu Levant.	Pèr poudé devina.	Es lou signe d'un rèi.	E soun esta countènt.	Pèr ana l'adoura.

1. Lei Ma- ge dins Je- ru- sa- lèn An de- man- dat à proun de gènt: Dou-nas-nous de nou-vel- lo D'un rèi qu'es na li a pas lon- tèm: A- vèn vist soun es- tel- lo.

1. Lei Ma- ge dins Je- ru- sa- lèn An de- man- dat à proun de gènt: Dou-nas-nous de nou-vel- lo D'un rèi qu'es na li a pas lon- tèm: A- vèn vist soun es- tel- lo.

2.	4.	6.
ou Rèi Erodes a grand pòu ,	Quand aurés trouva lou Petit ,	Soun descendu de sei camèu ;
touto la vilo s'esmòu	Fasès que vengués m'averti ;	An adoura lou rèi nouvèu ;
De vèire de gènt sage	Pèr li ana rèndre óumage ,	Li an óufert , à sa guiso ,
Que cercon un rèi dei Jusiòu ,	Aussitost me veirés parti	Tout lou plus rare e lou plus bèu
Qu'es nat au vesinage.	Em'un grand equipage.	Qu'avien dins sei valiso.
3.	**5.**	**7.**
Erode lei mando souna ,	A la fin lei Mage s'envan ;	Vautre que sias tous gènt de sèn ,
Li fai signe de s'enana ;	E l'estello marcho davan :	Counsideras bèn lei presènt
Li dis , sus sa partènco :	Rèn de plus amirable !	Qu'an fach au Rèi de glòri :
Cercas-m'aquéu rèi nouvèu-na ,	Pèr li moustra vount es l'Enfant ,	L'or e la mirro emé l'encèn
E fasès diligènço !	S'arrèsto sus l'estable.	Metran fin à l'istòri.

NOUVÉ
32.

1. La Fe cou-man-do de crèi- re Ce que noun cou- neis-sèn pas, Sèn- so

dire: léu vo- le vèi- re, Cou-me di-sié Sant Tou- mas. Tous lei mort dóu ça- men- tè- ri N'an rèn

vist dins lei mis- tè- ri, E ja- mai gis d'o- me viéu Saur- ra lei se- crèt de Diéu.

2.

Sènso leis ange e leis astre
Qu'an di que Diéu èro na ,
Ni lei Mage , ni lei pastre
L'aurien jamai devina ;
Pèr cacha la couneissènço
De sa divino neissènço ,
A vougu naisse la nue ,
Lorsqu'aurian carra loio uo.

3.

Quand pren Mario pèr maire ,
Mostro soun umanita ;
Quand pren Jóusè pèr soun Paire ,
Cacho sa divinita ;
Quand vèn naisse dins l'estable ,
N'es que pèr troumpa lou diable ,
Que noun s'imagino pas
Qu'un Diéu naisse dins un jas.

4.

Pèr counèisse sa naturo
E sei bèllei qualita ,
Fau vèire dins l'Escrituro
Lei presènt que li an pourta :
L'or , segound que dis l'istòri ,
Mostro qu'es un rèi de glòri ,
E la mirro emé l'encèn ,
Qu'es ome e Diéu tout ensèn.

5.

Si Diéu nous fasié la gràci
Qu'un jour , dins lou fiermamen ,
Pousquessian vèire sa fàci ,
Dirian veritablamen
Que lei mort dóu çamentèri
N'an rèn vist dins lei mistèri ,
E jamai gis d'ome viéu
Saurra lei secrèt de Diéu.

32.
(bis.)

1. La Fe cou- man- do de crèi- re Ce que noun cou-

neis- sèn pas, Sèn- so di-re : Iéu vo- le vèi- re,

Cou- me di- sié Sant Tou- mas. Tous lei mort dóu ça- men-

tè- ri N'an rèn vist dins lei mis- tè- ri, E ja- mai gis

d'o- me vièu Saur- ra lei se- crèt de Diéu.

NOUVÈ **33.**

1. Lei plus sa- ge Dóu ve- si- na- ge, Lei plus sa- ge E lei plus

fin, Fan en- tèn- dre Que di- vèn- dre, Lou Fiéu de Diéu es na de grand ma- tin;

Que sa mai- re L'es a- na fai- re Dins un es- ta- ble sus lou grand ca- min.

2.

Iéu vous quite
Pèr li ana vite ,
Iéu vous quite
E pièi m'envòu
Pèr li dire ,
(Mai sèns rire) :
Sourtès d'eici, car iéu tramble de pòu
Que l'estable
Noun vous acable ,
Car lei muralo van toutes au sòu.

3.

La vesprado
Mau fourtunado ,
La vesprado
D'un jour fort bèu ,
La malice
D'un aurice
Me li faguèt enclaure moun troupèu ;
Tout un caire
Toumbè , pechaire !
E m'enterrè tous mei pàureis agnèu.

4.

L'esperiènci ,
Que passo sciènci ,
L'esperiènci
De ce qu'ai vist ,
Es la causo
Que sèns pauso ,
Ai courregu vous dire moun avis.
Moun daumage
Vous rendra sage ,
Delèu creirés un de vòsteis amis.

5.

Me ravise
E me deidise ,
Me ravise
De moun prepau ;
Ma pensado
Mau riblado
Me farié lèu passa pèr un badau.
Fau rèn cregne ,
Car Nostre Segne
Lei gardara segur de prendre mau.

3.
(is.)

1. Lei plus sa- ge Dóu ve- si- na- ge, Lei plus sa- ge E lei plus fin, Fan en- tèn- dre Que di- vèn- dre Lou Fiéu de Diéu es na de grand ma- tin; Que sa mai- re L'es a- na fai- re Dins un es- ta- ble sus lou grand ca- min.

33.
(ter.)

1. Lei plus sa- ge Dóu ve- si- na- ge, Lei plus sa- ge E lei plus fin, Fan en- tèn- dre Que di- vèn- dre Lou Fiéu de Diéu es na de grand ma- tin; Que sa mai- re L'es a- na fai- re Dins un es- ta- ble sus lou grand ca- min.

NOUVÈ
34.

1. Lei pas- tre fan fès- to, Jo- gon de soun rès- to, Vo- lon tous a-
na Vers lou Pi- chot qu'es na ; Gar- nis- son sei bias- so De
pan, de fou- gas- so, E de quau- que tros de rous- tit, O de quau- que pas-
ti ; Fan mi- lo gri- ma- ço Da- vans que par- ti.

2.

Toutei lei bergiero
S'envan lei proumiero,
E li van pourta
De que l'enmaiouta :
De làni, de faisso
D'un fiéu de madaisso,
De pedas de telo de lin,
De calot, de beguin,
Uno pleno caisso
De post de sapin.

3.

Lou Fiéu de Diéu plouro
Aussitost qu'es l'ouro
Qu'a set o qu'a fam,
Coume d'àutreis enfant :
Sa maire piéucello
Li sort la mamello
De l'un o de l'autre coustat,
E li dono à teta ;
Lou Pichot l'apello,
E li dis : Mama !

4.

La Vierge bèn aiso
Lou pren e lou baiso,
E de cènt façoun
Caresso soun garçoun :
D'uno voues charmanto
Li parlo e li canto,
Li dis : Jèsu, vous sias tout miéu ;
Agués pieta de iéu !
Siéu vosto servanto,
E vous sias moun Diéu !

TROUVÈ
35.

1. Sant Jóu-sè m'a di : Pren- te gar-do, pren- te gar- do!

Sant Jóu- sè m'a di : Pren- te gar-do pèr ei- ci! Quand ja- lo, quand nè- vo,

lei mar- ri- dei gènt Soun pèr or- to d'a- quéu tèm.

2.

M'a mes quantecant
L'alabardo, l'alabardo,
M'a mes quantecant
L'alabardo entre lei man :
Qui marche? qui vive? vese tres voulur !
Qui va là? Sian pas segur !

3.

Leis ai vist de près
Qu'an de mourre, qu'an de mourre!
Leis ai vist de près
Qu'an de mourre de travès,
De pato, de grifo, coume noste cat,
E de co coume de rat !

4.

Vilèn Belzebut,
Qu'as de bano, qu'as de bano,
Vilèn Belzebut,
Qu'as de bano sus lou su,
Que rodes? que cerques? ci li a rèn de tiéu.
Sian tous deis enfant de Diéu !

5.

Traite Lucifèr,
Perqué sortes, perqué sortes,
Traite Lucifèr,
Perqué sortes de l'infèr?
La casso, la pesco valon rèn pèr tu,
Aro que Diéu es vengu.

6.

Malurous Satan,
Qu'as leis alo, qu'as leis alo,
Malurous Satan,
Qu'as leis alo d'un tavan,
Que dises? que groundes? fasses pas lou fin !
Toun Mèstre es aqui dedin.

7.

Bèl ange Michèu,
Sourtès vite, sourtès vite,
Bèl ange Michèu,
Sourtès vite, venès lèu.
Lei diable barrulon à l'entour dóu jas,
Mandas-lèi au pais bas.

NOUVÈ
36.

1. Bèn u- rou- so la neis-sèn- ço, D'a-quéu bèl en- fant Que vèn re- pa- ra l'óu-
fèn- so Dóu grand paire A- dam! Vi- ven coun- tènt, Me- nen re- jou- is-
sèn- ço, Vi- ven coun- tènt, E nous fa- chen de rèn.

2.

Quito lou sen de soun Paire,
Descènd eiçavau,
E pren, coume noste fraire,
Part à nòstei mau.
Un jour pèr nous
Mourra, sèns ista gaire;
Un jour pèr nous
Mourra sus uno crous.

3.

Toutei lei sant patriarcho,
Abram e Jacò,
Isac, e Nouè de l'archo,
N'espèron qu'acò:
Soun eilabas
Qu'óusservon sa demarcho;
Soun eilabas,
Que comton tous sei pas.

4.

Bèn que fugon dins la peno
An toujour au cor
L'esperanço touto pleno
Que, quand sara mort,
Éu li anara
Desfaire sei cadeno,
Éu li anara
E lei delivrara.

5.

Diéu voudra que ressuscite
Lou tresième jour,
Pièis après foudra que quite
La terro, à soun tour:
Dedins lou cèu
Remountara plus vite,
Dedins lou cèu,
Plus vite qu'un aucèu.

6.

Tournara pèr èstre juge
Dei mort e dei viéu;
Cèrto, n'i'aura res que fuge
La fàci de Diéu.
Vers leis amis
Quau cercara refuge,
Vers leis amis
N'en troubara pas gis!

7.

D'uno mino fort cruello
Dira sus-lou-champ:
Que lei flamos eternello
Sien pèr lei michant!
Pèr seis amis
Uno glòri inmourtello!
Pèr seis amis,
Sa part dóu Paradis!

1. A- quel an- ge qu'es ven- gu E que nous a pa- rei-
gu, A di pèr tout lou ter- rai- re Que lou Fiéu de Diéu es
na De Ma- ri- o, Vier- ge Mai- re, Dins un jas a- ban- dou- na.

2.

Ielas! vounte soun louja!
Fai trembla de li sounja !
Iéu que counèisse l'estable,
Save que vau mens que rèn ;
Es un lioc abouminable,
Se n'i'a gis dins Betelèn !

3.

Es un jas tout descubert,
Vounte n'i'a que de lesert,
De serpènt e de rassado,
D'escourpioun e de crapaud,
De rat e rato-pènado,
E semblàbleis anímau.

4.

Avèn resoulu d'ana
Vèire aquel enfant qu'es na;
Iéu emé leis àutrei pastre,
Avèn leissa lou bestiau
(Que Diéu garde de desastre !)
Li sian esta dins un saut.

5.

Avèn trouba Sant Jóusè
Qu'escoubavo emé lei pèd ;
Aussitost nòsteis ouleto
Que pourtavian sus lou còu
Nous an servi de paleto :
Li avèn neteja lou sòu.

6.

Jóusè, lou bon segne grand
Nous a fa vèire l'Enfant;
Capèu bas, la tèsto nudo,
A geinous, en grand respèt,
Li avèn fa la benvengudo,
E li avèn beisa lei pèd.

NOUVÈ
38.

1. Des-pièi lou tèm Que lou sou-lèu se lè-vo, La mort tou-jour tèn Sout soun pou-

dé tou-tei lei gènt; Pèr a-quéu cop de dènt D'A-dam e d'È- vo;

Mai l'en- fant Jè- su, lou Rèi de glò-ri, Pèr mous-tra per-tout que man-co pas de

cor, Se bat gai-ar-da-men con-tro la Mort, E coume lou plus fort, A la vi- tò- ri.

2.

Pèr leis infèr
Li a de pàurei nouvello:
Lou trafi se perd,
Deja Satan e Lucifèr,
An pres lou bounet verd,
Fan quinquinello!
Pièisqu'aquélei dous sarron boutico,
Qu'avien mai de founs e qu'èron lei plus fin,
Vèiren lèu tous leis àutrei diabloutin
E lei pichot lutin
Sènso pratico.

3.

Nosto leiçoun
Es qu'un chascun se founde
En aquéu garçoun,
Qu'a trouba la bello façoun
De paga la rançoun
De tout lou mounde.
Plan pas rèn si souin ni mai sa peno
Pèr paga la soumo à bèu denié coumtant,
Car aquéu bèl enfant nous amo tan
Que douno tout lou sang
Qu'a dins sei veno.

OUVÉ
39.

1. Se vàu- tre sias coun- tènt De ce qu'ai di dei

pas- tre, Vous di- rai quau- ca- rèn Dei Rèi de l'Ou- ri-

ènt, Que van a- près un as- tre Jus- ques en Be- te- lèn.

2.
Élei, tout en passant,
Vèson lou Rèi Erode,
E li dison que van
Vèire un rèi fort puissant;
Que, s'an lou tèms coumode,
Dins trei jour tournaran.

3.
E coume fan grand cas
De la nouvello estello,
La segon pas à pas;
Lei meno dins un jas
Vount èro uno piéucello
Em' un enfant au bras.

4.
Après qu'an amira
Lou bèu rèi que cercavon,
Toui tres l'an adoura,
E pièi l'an ounoura
Dei presènt que pourtavon,
E se soun retira.

5.
Erode cependant
Espèro lei nouvello,
Leis armos à la man,
Pèr ana quantecant,
Dins sa ràbi cruello,
Faire mouri l'Enfant.

6.
L'Ange, que lou counèi,
Vèn averti lei Mage:
Tournés plus vers lou Rèi,
Car n'a ni fe ni lèi:
Cresès-me, se sias sage,
Leissas l'aqui vount èi.

7.
Élei sorton dóu jas
Plus vite qu'uno vèro;
S'envan d'un autre las;
Erode lou saup pas,
Encaro leis espèro
Em'un grand pan de nas.

NOUVÉ 40.

1. Me siéu ple- ga, E bèn a- ma- ga De- dins ma flas- sa- do, A-
ques-to ves- pra-do; Vei- ci que moun chin, Tou- jour pu ba- din, I- dou- lo, Gin-
gou- lo, Dar- rié moun couis- sin; E pièi, à la fin, Lou fou, Qu'a pòu, Me
gra- to, Dei pa- to; Lei ten- to dòu còu; A tan va- ra- ia Que m'a re- vi- ha.

2.

Ai vist en l'èr
Un ange tout verd,
Qu'avié de grans alò
Darrié leis espalo ;
Permei sa clarta,
Ai vist sa bèuta,
  Sa mino
  Fort fino,
E sa majesta.
S'es mes à canta ;
  Sa voues
  Ei boues,
  Resouno,
  Fredouno,
Plus aut qu'un auboues ;
Jamai tau plesi
Qu'aquéu de l'ausi.

3.

Iéu ai souna
Touto la meina :
Chascun se revilho ,
E presto l'auriho…',
Sitost que l'an vi
E que l'an ausi ,
  Sa gràci,
  Sa fàci
Leis a rejouï ;
Soun esta ravi ,
  Quand n'a
  Douna
  La bello
  Nouvello
Que Jèsus es na :
An tous fach un saut
Dessus lou coutau,

1. Que di- sès, mei bon frai- re, Mei cou- sin, mèis a- mis, Des- sus a- quest a- fai- re? Qu'es a- cò que fan fai- re? Dou- nas- me vos-te a- vis.

2.
èisque Diéu nous apello,
nous fai averti
r'es na d'uno piéucello;
oun pas de bagatello,
au toutaro parti.

3.
Se menen nòstei feno,
Partiren pas tan lèu:
Dison que qu n'en meno
N'es pas jamai sèns peno :
Fan vira lou cervèu.

4.
Garnissen nòstei biasso,
Ramplissen lei barrau;
Se'n cop la cambo es lasso,
Chausiren quauco plaço,
Dinaren en repau.

5.
La petito museto
Emé lou tambourin,
Diran la cansouneto,
Emé lei castagneto,
Tout dóu long dóu camin.

6.
Quand faudra rèndre óumage
A-n-aquéu bèl Enfant,
Claude, qu'es lou pu sage,
Dèu avé l'avantage
De li beisa lei man.

7

NOUVÈ
42.

1. Ju- jas un pau de quin- to sor- to Lou bon Jè- sus es à cu- bert:

Noun li a ni fe- nès- tro ni por- to, A- quel es- ta- ble es tout du- bert,

E fai uno au- ro qu'es pu for- to Que noun sa- ra de tout l'i- vèr.

42.
(bis.)

1. Ju- jas un pau de quin- to sor- to Lou bon Jè- sus es à cu- bert: Noun li a ni fe- nès- tro ni

por- to, A- quel es- ta- ble es tout du- bert, E fai uno au- ro qu'es pu for- to que noun sa-

ra de tout l'i- vèr. E fai uno au- ro qu'es pu for- to Que noun sa- ra de tout l'i- vèr.

2.

Aquel enfant dono dins l'amo !
Es tout nus sus de paioussas,
E sa Maire, la bono Damo,
Li voudrié caufa soun pedas :
Mai coume n'i'a ni fio ni flamo,
Lou li met fre coume de glas.

3.

N'i'a que dison que l'enfant plouro :
Pèr iéu, l'ai rèn ausi ploura.
Voudrién que me diguèsson quouro
An vist que se sie rancura :
Eu s'acoustumo de bono ouro
Ei tourmen que dèu endura.

4.

La bono Vierge es fort moudèsto,
Dins uno grando umelita :
Pode pas vous dire lou rèsto
De tous lei trèt de sa bèuta,
Car lou vouelo qu'a sus la tèsto
M'en a bèn rauba la mita.

5.

S'es jamai vist dins la naturo
Rèn de si dous, rèn de si bèu !
Es pu bloundo que la daururo,
Cènt fes pu douço que lou mèu !
Vous voudriéu faire sa pinturo,
Se saviéu mena lou pincèu.

1. Uno es- tel- lo, Dei pu bel- lo, Me- no lei Rèi de Tar- sis, De

l'I-loe de l'A- ra- bi- o, Dins lou jas ount es Ma- ri- o E lou Rèi de Pa- ra- dis.

2.

Se soun riche,
Soun pas chiche :
Porton de fort bèu present.
An uno mièjo dougeno
De grand caisso toutei pleno
De mirro, d'or e d'encèn.

3.

De gendarmo,
Sout leis armo,
N'i'a cinq o sièis regimen :
An un fort bèl equipage
D'estafié, lacai e page,
Abiha superbamen.

4.

Dins la vilo,
Mai de milo
An mai de pòu que de mau ;
An quàsi tous pres l'alarmo,
En cresènt que lei gendarmo
Loujaran dins seis oustau.

5.

D'aquelo ouro,
Lou Rèi Mouro
A fa dire à tous sei gènt
Que qui plumarié la poulo,
Sarié pendu pèr sa goulo
Au mitan de Betelèn.

6.

La noublesso
Bèn apresso,
Vòu pas gis de councussioun ;
Touto aquelo poupulasso
Dins lou jas vai prendre plaço,
Pèr vèire l'Adouracioun.

43.
(bis.)

1. Uno es- tel- lo Dei pu bel- lo, Me- no lei Rèi de Tar- sis, De l'I-
lo e de l'A- ra- bì- o, Dins lou jas ount es Ma- rì- o E lou Rèi de Pa- ra- dis.

43.
(ter.)

1. U- no es- tel- lo Dei plus bel- lo Me- no lei Rèi de Tarsis, De l'I- loe de l'A- ra- bì- o, Dins lou jas eunt es Ma-
rì- o E lou Rèi de Pa- ra- dis. Se soun ri- che, Soun pas chi- che: Por- ton
de fort bèu pre- sènt: An u- no miè- jo dou- ge- no de grand

cais- so tou-tei ple-no De mir-ro, d'or e d'en-cèn.

1.
Uno estello
Dei plus bello
eno lei Rèi de Tarsis,
e l'Ilo e de l'Arabìo,
ins lou jas ount es Mario
lou Rèi de Paradis.

2.
Se soun riche,
Soun pas chiche,
orton de fort bèu present:
n uno mièjo dougeno
'e grand caisso toutei pleno
'e mirro, d'or e d'encèn.

3.
De gendarmo,
Sout leis armo,
N'i'a cinq o sièis regimen:
An un fort bèl equipage
D'estafié, lacai e page
Abiha superbamen.

4.
Dins la vilo,
Mai de milo,
An mai de pòu que de mau;
An quàsi tous pres l'alarmo
En cresènt que lèi gendarmo
Loujaran dins seis oustau.

5.
D'aquelo ouro
Lou Rèi Mouro
A fa dire à tous sei gènt
Que qui plumarié la poulo,
Sarié pendu pèr sa goulo
Au mitan de Betelèn.

6.
La noublesso,
Bèn apresso,
Vòu pas gis de councussioun;
Touto aquelo poupulasso
Dins lou jas vai prendre plaço,
Pèr vèire l'Adouracioun.

OUVÉ
44.

1. Quand la niè-jo-nue sou- na-vo, Ai sau- ta dóu liech au sòu;

Ai vist un bèl an-ge que can- ta- vo Mi-lo fes pu dous qu'un rous-si- gnòu.

2.
Pèr de saut e de cambado,
N'ai fa mai que noun poudiéu;
Lorsque m'a parla d'uno acouchado
Qu'avié mes au jour lou Fiéu de Diéu.

3.
Lei mastin dóu vesinage
Se soun toutes atroupa;
N'avien jamai vist aquéu visage,
Se soun tout-d'un-cop mes à japa.

4.
Lei móutoun, agnèu e fedo,
Se soun tous mes à bela;
Se n'i'aguèsse gis agu de cledo,
S'en sarien ana de çà, de là!

5.
Lei pastre dessus la paio
Dourmien coume de soucas;
Quand an ausi lou bru dei sounaio,
An cresegu qu'èro lou souiras.

6.
Aquéu bèl ange anounçavo
Proun de causos à la fes;
Mai aquelo pas que publicavo
Dèu pas èstre pèr leis Olandés.

7.
Soun de gènt plen d'arrouganço,
Que noun an ni fe ni lèi;
Diéu benisse leis armo de Franço!
Saran lèu sout lou poudé dóu Rèi.

8.
S'èron de gènt resounable,
Vendrien sèns èstre envita:
Trouvarien dins un petit estable
La lumiero emai la verita.

44.
(bis.)

1. Quand la miè-jo-nue sou-na-vo, Ai sau-ta dóu liech au sòu; Quand la miè-jo-nue sou-na-vo, Ai sau-ta dóu liech au sòu; Ai vist un bèl an-ge que can-ta-vo Mi-lo fes pu dous qu'un rous-si-gnòu.

2.

Pèr de saut e de cambado,
N'ai fa mai que noun poudiéu,
Lorsque m'a parla d'uno acouchado
Qu'avié mes au jour lou Fiéu de Diéu.

3.

Lei mastin dóu vesinage
Se soun toutes atroupa;
N'avien jamai vist aquéu visago,
Se soun tout-d'un-cop mes à japa.

4.

Lei móutoun, agnèu e fedo,
Se soun tous mes à bela;
Se n'i'aguèsse gis agu de cledo,
S'en sarien ana de çà, de là!

5.

Lei pastre dessus la paio
Dourmien coume de soucas;
Quand an ausi lou bru dei sounaio,
An cresegu qu'èro lou souiras.

6.

Aquéu bèl ange anounçavo
Proun de causos à la fes;
Mai aquelo pas que publicavo
Dèu pas èstre pèr leis Olandés.

7.

Soun de gènt plen d'arrouganço,
Que noun an ni fe ni lèi;
Diéu benisse leis armo de Franço!
Saran lèu sout lou poudé dóu Rèi.

S'èro de gènt resounable,
Vendrien sèns èstre envita:
Trouvarien dins un petit estable
La lumiero emai la verita.

1. Un An-ge a fa la cri-do Qu'a-nue dins u-no bas- ti- do, Uno
piéu-cel- lo a fa Un pi-chot en-fant de la. Dour-mien sus la cou- li-no Lei bergié, da-vans ma- ti- no: Leis a re-vi- ha tous: Hou! pas-tre, le-vas- vous !

2.

An ausi la nouvello
Que li a di de la piéucello,
E n'an vist pèr un trau
Uno grand clartat en aut ;
Ravi d'aquelo glòri ,
Toutei sorton de la bòri ,
E chascun fai un saut,
Houi! dessus lou coutau.

3.

Courron pèr la mountagno ,
Coume lèbres en campagno ,
Pèr èstre lei premié.
Micoulau rèsto darrié ,
Que menavo sa filho ;
Soun pèd ferra li resquiho ,
Barrulo dóu coutau ,
Ai ! s'es gis fa de mau.

4.

Se freto un pau lou mourre,
Pièi après se bouto à courre
Pèr atrapa sei gènt,
Leis ajoun en Betelèn.
Li conto l'espetacle ,
E dis qu'es un grand miracle
D'avé fach un tau saut,
Houi ! sèns se faire mau.

5.

Touto aquelo bregado
Trovo la porto sarrado ;
Sènso gis de respèt ,
Chascun li pico dóu pèd :
L'un buto , l'autre crido ;
Pèr intra dins la bastido,
Jieton la porto au sòu ,
Plouf! tout tramblè de pòu.

6.

Noste brave sautaire ,
S'envai saluda la maire,
Rendèn gràcis au Fiéu,
De ce qu'èro incaro viéu.
Li fai la reverènço,
E sourtènt de sa presènço,
Fèt incaro un grand saut,
Houi ! gaiard Micoulau !

NOUVÈ
46.

1. Pas- tre dei moun- ta- gno, La Di- vi- ni- ta A pres

pèr coum- pa- gno Vos-tou- ma- ni- ta. Soun dins la per- sou-no d'un pe-

tit gar- çoun Que soun Pai- re dou- no Pèr vos- to ran- çoun.

46.
(bis.)

1. Pas- tre dei moun- ta- gno, La Di- vi- ni- ta A pres pèr coum- pa-

gno vos-tou-ma-ni- ta. Soun dins la per- sou- no D'un pe- tit gar-

çoun Que soun Pai- re dou- no Pèr vos- to ran- çoun.

2.
La troupo fidèlo
A pres grand plesi
D'ausi la nouvello
Que l'Ange li a dì :
An peno de crèire
Qu'acò sie verai :
Volon l'ana vèire
Aqui vounte jai.

3.
Lou pu vièi dei pastre
E lou pu savènt,
Counsulto leis astre
Se fara bèu tèm :
Dis qu'en luno pleno
Fai toujour tèms dre,
E quand l'auro meno,
Dis que fai bèn fre.

4.
Guihaume s'abiho,
Viestis soun jargau,
E dis à sa fiho :
Istas à l'oustau ;
Debanas la sedo,
Gardas lou troupèu,
Móusès vòstei fedo,
Largas leis agnèu.

5.
Si vesias sa femo !
Gounflo coume un biòu,
Jito de lagremo
Grosso coume d'iòu !
Es descounsoulado,
Quand noun pòu ana
Vèire l'acouchado
E l'enfant qu'es na.

6.
Leis àutrei pastouro,
Deman de matin,
Viroun lei sèt ouro,
Saran pèr camin ;
Crese que sei mouflo
Li faran pas mau,
Car lou vènt que souflo
N'es pas gàire caud.

8

46.
(quater.)

1. Pas-tre dei moun- ta- gno, La Di- vi- ni- ta

A pres pèr coum- pa- gno Vos- tou- ma- ni- ta.

Soun dins la per- sou- no D'un pe- tit gar- çoun

Que soun Pai- re dou- no Pèr vòs- to ran- çoun.

2.
La troupo fidèlo
A pres grand plesi
D'ausi la nouvello
Que l'Ange li a di:
An peno de crèire
Qu'acò sie verai:
Volon l'ana vèire
Aqui voumte jai.

3.
Lou pu vièi dei pastre
E lou pu savènt,
Counsulto leis astre
Se fara bèu tèm:
Dis qu'en luno pleno
Fai toujour tèms dre,
E quand l'auro meno,
Dis que fai bèn fre.

4.
Guihaume s'abiho,
Viestis soun jargau,
E dis à sa fiho:
Istas à l'oustau;
Debanas la sedo,
Gardas lou troupèu,
Móusès vòstei fedo,
Largas leis agnèu.

5.
Si vesias sa femo!
Gounflo coume un biòu,
Jito de lagremo
Grosso coume d'iòu!
Es descounsoulado,
Quand noun pòu ana
Vèire l'acouchado
E l'enfant qu'es na.

6.
Leis àutrei pastouro,
Deman de matin,
Viroun lei sèt ouro,
Saran pèr camin;
Crese que sei mouflo
Li faran pas mau,
Car lou vènt que souflo
N'es pas gaire caud.

1. Lors- que vous sa- rés ma- laut De quau- que mau; Lors- que

vous sa- rés ma- laut, Se lou mau es in- cu- ra- ble, En dan- gié de mou-

ri, A- quel en- fant qu'es à l'es- ta- ble Vous au- ra lèu ga- ri.

2.

Prenès tous eisèmple à iéu,
Au noum de Diéu !
Prenès tous eisèmple à iéu :
Iéu me foundiéu coume un cierge;
Ère deja passi ,
ai , Diéumerci la bono Vierge !
Incaro siéu eici.

3.

Qui se sentira taca
D'un gros pecat;
Qui se sentira taca ,
Ëi segur que , si reclamo
Aquéu bon medecin,
Tout aussitost aura soun amo
Neto coume un bassin.

4.

Si vous savias ce que fai !
Vous lou dirai ;
Si vous savias ce que fai !
Lou remèdi qu'éu ourdouno ,
Ëi sa car e soun sang ,
A touto sorto de persouno
Que soun entre sei man.

5.

Si vous counfisas en éu,
Coume se déu;
Si vous counfisas en éu,
Vous fara part de la gràci
Que fai à seis amis ,
En vous fasènt vèire sa fàci
Dedins soun Paradis.

6.

Dessus l'aubre de la crous,
Mourra pèr tous;
Dessus l'aubre de la crous ,
Pagara la folo enchiero .
De noste paire Adam ,
E tirara sa raço entiero
Deis arpo de Satan.

NOUVÈ
48.

1. Au-près d'a-quel es-ta-ble Vount es l'En-fant tout

nud, Ai res-coun-tra lou Dia-ble, L'ai proun bèn cou-nei-

gu. Mi, mi, mi, fa, sol, fa, sol, mi,

la, la, ut, ut, si, si, mi, rè, mi, ut, si, la, sol, fa, sol, la, la.

48.
(bis.)

1. Au-près d'a-quel es-ta-ble Vount es l'En-fant tout nud

Ai res-coun-tra lou Dia-ble, L'ai proun bèn cou-nei- gu.

Fa, fa, fa, sol, la, mi, la, mi, rè, mi, rè, mi, fa,

la, fa, sol, la, mi, la, mi, rè, Mi, fa, sol, la.

2.

Ai rescountra lou Diable,
L'ai proun bèn couneigu :
Avié, coume uno cabro,
De bano sus lou su.

Fa, fa, fa, etc.

3.

Avié, coume uno cabro,
De bano sus lou su;
Avié la tèsto plato,
E lou mourre pounchu.

Fa, fa, fa, etc.

4.

Avié la tèsto plato,
E lou mourre pounchu;
Leis auriho d'un ase,
E lou còu d'un pendu.

Fa, fa, fa, etc.

5.

Leis auriho d'un ase,
E lou còu d'un pendu;
Lei bras fach en andouio,
Lou bout dei det croucu.

Fa, fa, fa, etc.

6.

Lei bras fach en andouio,
Lou bout dei det croucu;
Lei cambo de flahuto,
E lei dous pèd fourcu.

Fa, fa, fa, etc.

7.

Lei cambo de flahuto,
E lei dous pèd fourcu;
A desplega seis arpo,
E m'a sauta dessu.

Fa, fa, fa, etc.

8.

A desplega seis arpo,
E m'a sauta dessu;
Moun Diéu! ma bono Vierge!
Secours! iéu siéu perdu!

Fa, fa, fa, etc.

9.

Moun Diéu! ma bono Vierge!
Secours! iéu siéu perdu!
Tous lei gènt de l'estable
D'abord m'an entendu.

Fa, fa, fa, etc.

10.

Tous lei gènt de l'estable
D'abord m'an entendu;
Pèr ma bono fourtuno,
Un ange a pareigu.

Fa, fa, fa, etc.

11.

Pèr ma bono fourtuno,
Un ange a pareigu,
Que l'a pres pèr lei bano
E l'a mes en tafu.

Fa, fa, fa, etc.

12.

Que l'a pres pèr lei bano
E l'a mes en tafu....
Anas! Vèspro soun dicho,
De Nouvè n'i'a pas plu.

Fa, fa, fa, sol, la, mi, la, mi,
Rè, mi, rè, mi, fa,
La, fa, sol, la, mi, la, mi, rè,
Mi, fa, sol, la.

NOUVÈ
49.

1. A- dam e sa coum- pa- gno N'è- ron que trop u-

rous: Sa- tan pren- guè la la- gno, E s'en ren- dè ja- lous; Soun-

gè pus qu'à li nui- re; E pèr miéu lei des- trui- re, Li

pre- sen- tè dóu fru Qu'è- roes- ta de- fen- du.

49.
(bis.)

1. A- dam e sa coum- pa- gno N'è- ron que trop u-

rous, Sa- tan pren- guè la la- gno E s'en ren- dè jalous; Soun- jè plus qu'à li nui- re; E pèr miéu lei des-

trui re, Li pre- sen- tè dóu fru Qu'è- ro es- ta de- fen-

du. Qu'è- ro es- ta de- fen- du.

2.
— Aquesto poumo es raro !
Tenès, cresès à iéu,
Si n'en manjas, toutaro
Sarés coume de diéu.
Èvo presto l'auriho,
L'apetit se reviho ;
Pèr voulé trop savé,
Manquèt à soun devé.

3.
La pauro criminello
Se recounèis bèn lèu ;
Soun pecat la bourrello,
Li troublo lou cervèu ;
Pèr acaba la fèsto,
Jogo de tout soun rèsto,
Se viro vers Adam,
Uno poumo à la man.

4.
Elo la li presènto,
Li vanto sa bounta,
E dis qu'es pu savènto
Despièi que n'a tasta ;
Lou flato e lou lavagno,
Tan qu'à la fin lou gagno,
En li disènt : Moun bèu,
Tastas-n'en un moucèu.

5.
Après un tau meinage,
Se trouvèron tout nus ;
Au travès d'un fuiage
Intrèron tout counfus ;
Mai Diéu, d'uno voues auto,
Li reprouchè sa fauto,
E coume de gredin,
Lei cassè dóu jardin.

6.
Erian à la cadeno,
Esclave de Satan ;
Devian soufri la peno
De la fauto d'Adam ;
Jèsus, à sa neissènço,
Vèn repara l'óufènso,
E vòu, pèr sa bounta,
Nous metre en liberta.

NOUVÉ
50.

1. Jè- su, vous sias tout fioc e fla- mo, N'i'a que d'a- mour dins vos- te cor; Vous ve- nès sau- va nos- tes a- mo De la mort, Cer- tos, a- quéu que noun vous a- mo, A grand tort.

2.

Vous venès dins aquest terraire
Favourisa lei malurous ;
Car qu'es acò que poudian faire
    Sènso vous,
Tan qu'aurian agu voste Paire
    Contro nous?

3.

Iéu vesiéu bèn sènso luneto
Que lou cèu n'èro pas dubert,
Que falié louja pèr biheto
    Dins l'infèr,
Encò d'aquéu tiro-meleto
    Lucifèr.

4.

Lou desespouer m'aurié fa pèndre,
Coume fè lou traite Judas !
Voste amour vous a fa descèndre
    D'aut en bas ;
E pèr iéu sias vengu vous rèndre
    Dins un jas.

5.

Vous sarié bèn plus ounourable,
Si loujavias dins un palai,
Noun pas louja dins un estable
    Près d'un ai !
Aquel estat si miserable
    Me desplai.

6.

Vous poudias lança lou tounerro
Pèr abima toutei lei gènt ;
Pèsto, ni famino, ni guerro,
    Vous soun rèn !
Mai que pourtés la pas en terro,
    Sias countènt.

1. Pas-tre, pas- tres- so, Cour-rès, ve-nès tous, pe-cai-re! Pas-tre, pas- tres- so, Cour-rès, ve-nès

tous: Vos- to mes- tres- so A be-soun de vous, pe-cai-re! Vos- to mes- tres- so A be-soun de vous.

51.
(bis.)

1. Pas- tre, pas- tres- so, Cour-rès, ve- nès tous, pe- cai- re!

Pas- tre, pas- tres- so, Cour- rès, ve- nès tous: Vos- to mes- tres- so

A be- soun de vous, pe- cai-re! Vos- to mes- tres- so A be- soun de vous.

2.	4.	6.	8.
A la bourgado,	Aquéu bèl ange,	Lou pichot plouro,	Cercon de paio
Près de Betelèn , pecaire!	Au gros de l'ivèr , pecaire!	Vous farié pieta , pecaire!	A l'entour dóu lio , pecaire!
S'es acouchado	Fauto de lange,	Li a mai d'uno ouro	E de buscaio
Sus un pau de fen , pecaire!	Es tout descubert , pecaire!	Que noun a teta. pecaire!	Pèr faire de fio , pecaire!

3.	5.	7.	9.
Dins un estable,	La Vierge Maire	Nostei pastresso	Uno lou mudo,
Tout arrouïna , pecaire!	Countèmplo soun fru, pecaire!	Boulegon lei mau , pecaire!	L'autro lou soustèn , pecaire!
L'enfant eimable	Saup pas que faire	E fan caresso	Un pau d'ajudo
De matin es na , pecaire!	Quand lou vèi tout nud, pecaire!	A-n-aquel enfant , pecaire!	Fai toujour grand bèn, pecaire!

9

NOUVÈ
52.

1. Ve- nès vèi- re dins l'es- ta- ble A- quéu bèl en- fant qu'es

na; Vous sa- rès tous es- tou- na: N'i'a rèn de plus a- mi- ra- ble.

52.
(bis.)
1. Ve- nès vèi- re dins l'es- ta- ble A- quéu bèl en- fant qu'es na,

Vous sa- rés tous es- tou- na: N'i'a rèn de plus a- mi- ra- ble.

2.

Es d'uno doublo naturo,
Fiéu de l'ome, Fiéu de Diéu;
Es miracle quand es viéu,
Après lei mau qu'éu enduro.

3.

Certos, iéu vous pode dire
Que l'ai jamai vist ploura,
Ni gemi, ni souspira;
Mai bèn souvènt l'ai vist rire.

4.

Jóusè lou pren, lou caresso,
E lou sarro entre sei bras:
N'en sara pas jamai las,
Belèu mourra de tendresso.

5.

Sa maire, la bono Damo,
Li dis cènt milo douçour:
Jèsu, moun cor, moun amour,
Vous sias lou rèi de moun amo!

6.

De joio touto ravido,
Li parlo d'un toun pu fort:
Vous ame coume moun cor,
Vous ame mai que ma vido!

7.

Jóusèt e la Vierge Maire,
Nous ensignoun la leiçoun,
E nous mostron la façoun
De tout ce que devèn faire.

1. Tu que cer-ques tei de- li- ce, Que n'a- mes que tei ple-

si, N'auras- tu ja-mai le- si De di- re a- diéu à tei vi- ce? Pièisque Diéu, he-

las! Cer- co rèn que lei su- pli- ce, Pièisque Diéu, he- las! Sou-fro dins un jas.

2.

Toun oustau n'es pas capable
De louja ta vanita :
Vos un palais encanta,
Sies-tu pas bèn miserable,
  Pièisqu'un Diéu, helas!
Se countènto d'un estable,
  Pièisqu'un Diéu, helas!
   Lojo dins un jas?

3.

Au founs de ta cambro novo,
Lorsque tires lou ridèu,
Ni l'art, nimai lou pincèu
Mancon pas à toun alcovo;
  Mai Jèsus, helas!
N'es pas aqui que se trovo;
  Mai Jèsus, hélas!
   Es au founs d'un jas!

4.

Lei viando lei plus esquiso,
Lei vin lei plus delica,
Podon jamai trop flata
Toun goust ni ta gourmandiso;
  E Jèsus, helas!
Umo lou vènt e la biso ;
  E Jèsus, helas!
   Juno dins un jas!

5.

Après qu'as bèn fa ripaio,
Te couches dins un bèu lie
Tout garni de broudarié,
E d'uno fort bello taio;
  E toun Diéu, helas!
Coucho sus un pau de paio !
  E toun Diéu, helas!
   Coucho dins un jas!

53.
(bis.)

1. Tu que cer- ques tei de- li- ce, Que n'a- mes que tei ple- si, N'au- ras tu ja- mai le- si De di- re a- diéu à tei vi- ce? Pièis- que Diéu, he- las! Cer- co rèn que lei su- pli- ce, Pièis- que Diéu, he- las! Sou- fro dins un jas.

2.
Toun oustau n'es pas capable
De louja ta vanita :
Vos un palais encanta,
Sies tu pas bèn miserable,
  Pièisqu'un Diéu, helas!
Se countènto d'un estable ;
  Pièisqu'un Diéu, helas!
Lojo dins un jas ?

3.
Au founs de ta cambro novo,
Lorsque tires lou ridèu,
Ni l'art, nimai lou pincèu
Mancon pas à toun alcovo ;
  Mai Jèsus, helas!
N'es pas aqui que se trovo,
  Mai Jèsus, helas!
Es au founs d'un jas!

4.
Lei viando lei plus esquiso,
Lei vin lei plus delica,
Podon jamai trop flata
Toun goust ni ta gourmandiso ;
  E Jèsus, helas!
Umo lou vènt e la biso ;
  E Jèsus, helas!
Juno dins un jas!

5.
Après qu'as bèn fa ripaio,
Te couches dins un bèu lie
Tout garni de broudarié,
E d'uno fort bello taio ;
  E toun Diéu, helas!
Coucho sus un pau de paio!
  E toun Diéu, helas!
Coucho dins un jas.

NOUVÈ 54.

DIALOGO DE DOUS NOUVELISTO.

— Vesès eici moun Nouvelisto
Que resouno à perto de visto
Sus tous leis afaire d'estat
De tous lei pu grand poutentat,
E que saup toutei seis entrigo !
— E tu, que sies ? Peles-pas-figo,
D'ounte vènes ? digo-m'un pòu ;
Belèu vènes dóu Pous-dei-Bìòu,
Vount es lou burèu de la Posto.
As pres lou fuiet : quant te costo ?
— Iéu vène de l'Espiçarié.
— Se li dis que de mentarié.
— Iéu ai aprés uno nouvello :
Qu'es fort veritable et fort bello,
Qu'uno Vierge dins Betelèn
A fach un fléu, n'i'a pas lontèm,
Qu'es lou veritable Messio.
— De matin à la Plaço Pio,
Un jardinié de Cavaioun
A di que l'or èro au bihoun ;
Que l'Emperour, emé l'Espagno,
E proun de prince d'Alemagno,
Declaravon la guerro au Rèi.
— N'es pas dana quau noun lou crèi.
Ma nouvello es bèn miéu de crèire :
Dis que tres rèi soun ana vèire,
Dins l'estable, aquéu bèl enfant ;
Soun toui tres vengu dóu Levant,
Coundu pèr uno bello estello.
— Quau t'a dich aquelo nouvello ?
— Lei quatre grand courrié de Diéu,
Que soun Jan, Lu, Marc e Matiéu,
Que cridon pèr touto la terro :
Vivo la pas ! fì de la guerro !
— As-tu trouva dins seis avis
Leis afaire d'aquest païs ?
Lou sìège dóu Castèu d'Aurenjo,
Que se faguèt après vendenjo,
Que fuguè pres (coume es escri)
Vounge jour pulèu que Mastri ?
— Tu me fariés mouri de rire !

Li sies ista ? qu'en pos-tu dire ?
— Iéu ai vist quand lou canounié
Fèt un trau dins un pijounié :
Tout lou mounde prenguè l'alarmo,
Se metèron tous sout leis armo ;
Vint-e-cinq o trento pijoun
Gagnèron vite lou dounjoun ;
Pèr soufri la derniero ataco,
Veici lou canounié que braco
Soun canoun contro un autre fort
Que lou mounde estimavo fort :
Li trauquèt uno chaminèio...
D'abord cridè : *Ville gagnèio !*
— N'auras-tu jamai acaba ?
Tu noun fas que me destourba.
Fau que tu saches que lei pastre
Veguèron pas aquéu bèl astre ;
Mai un ange li pareiguè
Sus la mountagno, e li diguè
D'ana vèire aquelo acouchado,
Dins un estable mau loujado.
— Iéu crèse qu'aquélei bergié
Courreguèron pas lou dangié
Que courreguè moun camarado :
Veguè trento balo ramado,
E lou boulet d'un faucounèu,
Que pensè li trauca la pèu,
E que crebèt, à ma presènço,
Un paure lacai de Prouvènço.
— E tu, n'aguères-ti pas pòu ?
— Lou boulet me coustè cinq sòu...
Vos-tu qu'iéu te lou fasse vèire ?
— N'es pas besoun, te vole crèire,
Mai que me creses à toun tour.
Leis anges, aquéu meme jour,
Cridèron pèr touto la terro :
Vivo la pas ! fì de la guerro !

Ensèn :

De parla sarian jamai las.
Fì de la guerro ! vivo la pas !

NOUVÉ
55.

1. Prou-fi- tas-me lèu, bra- vo bre- ga- do, Prou-fi- tas-me lèu d'a-quest bèu

tèm, Si vou-lès a- na vèi-re l'a- cou- cha-do Qu'es à la bour-ga-do Près de Be- te- lèn.

2.

Aro que lou jour deja se passo,
Aro que lou jour vai prendre fin,
Vautre caminas coume de limasso :
Quand m'envau en classo,
Fau toujour ansin.

3.

Vese que toujour vòstei sabato,
Vese que toujour tocon lou sòu ;
Imaginas-vous qu'anas prendre dato ;
Boulegas lei pato
Coume un esquiròu !

4.

Trouvarés lei pastre dei village,
Trouvarés lei pastre que li van ;
Trouvarés lei Rèi que s'apellon Mage,
Que soun lei plus sage
De tout lou Levant.

5.

Veirés un enfant dins un estable,
Veirés un enfant dous e mignoun ;
S'èi jamai rèn vist de plus amirable,
Ni de plus eimable
Dins tout Avignoun.

NOUVÉ
56.

1. — Tou-ro- lou- ro- lou-ro! lou gau can- to, E n'es pas in- ca- ro

jour ; lèu m'en- vau en Ter- ro San- to Pèr vèi- re Nos- te Segnour. Vos-tu ve- ni?—Na-ni, na- ni.—Ven-dras proun bèn!—N'en fa- rai

rèn. —Gui-hau- me! Gui-hau- me! Au mens s'iéu noun tor-ne

plus, fai-me di-re ù- nei Sèt-Sau- me. He- las! moun Diéu! Que fa-rai

iéu? Siéu pa-vou- rous cou-me un pou- let, Quand siéu sou- let, Quand siéu sou- let.

2.

—Touro-louro-louro! l'auro meno,
E me fai boufa lei det;
Certos iéu siéu bèn en peno,
Ai pòu de mouri de fre;
Hòu de l'oustau!
— Qui pico avau?
— Voudriéu louja.
— Sian tous couija!
— Granjiero! granjiero!
Durbès-me, siéu tout jala; boutas-me dins
[la feniero!
Helas! moun Diéu!
Que farai iéu?
Lou paure! vounte tirarai?
Belèu mourrai.   (bis)

3.

— Touro-louro-louro! lei ribiero
An deja tout inounda;
Vese plus rèn lei broutiero,
Belèu me faudra neda.
Quauque barquet?...
— N'i'a pas dequé!
— Vount passarai?
— Certo, noun sai!
— Sauvaire! Sauvaire!
Tu n'as gis de carita, n'es pas ansin que
[fau faire.
Helas! moun Diéu!
Que farai iéu?
Lou paure! vounte passarai?
Me negarai!   (bis)

4.

— Touro-louro-louro! pèr fourtuno,
Siéu sourti d'un michant pas;
La pode coumta pèr uno!
Enfin ai trouba lou jas.
— Bonjour à tous!
— Amai à vous.
— E que fasès?
— Vous lou vesès.
— Mario! Mario!
Vous estrugue d'un bèu fiéu, lou verita-
[ble Messìo.
Bon Sant Jóusè,
Se me cresè,
Me farés vèire aquel enfant
Qu'iéu ame tan.   (bis)

NOUVÈ
57.

1. L'es- tran- ge de- lu- ge! Tout nos-te re- fu- ge, Bon Diéu, es à

vous! A- gés pie- ta de nous! Dins nòs-tei ri- viè- ro, N'i'a plus gis de foun, Leis

Fin.

ai- go soun fiè- ro, La ter- ro s'es-cound. Nos- to pau- ro vi- lo N'a sa bo- no

part: Pa- rèis plus qu'u- no i- lo, cou- me la Si- ci- lo Au miè de la mar. L'es-

2.

Cènt milo pistolo
Pourrien pas paga
Moussu d'Anguissolo,
Lou Vice-Legat:
Vai de pòrto en porto,
Pèr nous secouri,
Es toujour pèr orto:
Lei gènt de sa sorto
Dèvon pas mouri!

L'estrange deluge!
Tout noste refuge,
Bon Diéu, es à vous!
Agés pieta de nous!

3.

Dins nòstei bastido
Mourèn tous de fam;
N'avèn plus de vido,
A fauto de pan;
A-n-un tau desordre,
Lou Vice-Legat
Li bouto bon ordre:
Avèn dequé mordre;
Li sian óubliga.

L'estrange deluge!
Tout noste refuge,
Bon Diéu, es à vous!
Agés pieta de nous!

4.

Moussu de Libelle,
Qu'es nòste Pastour,
Nous mostro soun zèle,
Soun cor, soun amour;
Sei pàureis ouvaio
Lou veson fort bèn,
Alor que travaio,
E lorsque li baio
Soun or, soun argènt.

L'estrange deluge!
Tout noste refuge,
Bon Diéu, es à vous!
Agés pieta de nous!

1. L'es- tran- ge de- lu- ge! Tout nòs- te re- fu- ge,

Jè- sus, es à vous! A- gés pie- ta de nous! Dins nòs- tei ri-

biè- ro, N'i'a plus gis de foun, Leis ai- go soun fiè- ro, La ter-

ro s'es- cound; Nos- to pau- ro vi- lo N'a sa bo- no

part; Pa- rèis plus qu'u- no i- lo, Cou- me la Si- ci- lo,

Cou- me la Si- ci- lo Au miè de la mar.

NOUVÈ
58.

1. Vos-tu qu'a- nen en Be- te- lèn, A- ro que ca-mi- nes, que ca- mi- nes bèn, Vèi-re a-quéu bèl en- fant qu'es na, A- ro que ca- mi- nes, que ca- mi- nes; Vèi-re a-quéu bèl en- fant qu'es na, A- ro que ca- mi- nes, que ca- mi- nes pla?

2.

Adouraren aquel enfant,
   Coume tous leis autre (bis) fan ;
E saren de brave garçoun,
   Coume tous leis autre (bis) soun.

3.

Aquel enfant es un grand rèi ,
   Coume tout lou mounde (bis) crèi;
Es louja dins un cabanau,
   Coume tout lou mounde (bis) saup.

4.

Soun loujamen n'es pas grand cas
Ah! moun Diéu! lou paure (bis) jas!
N'i'a pas uno briso de fio!
Ah! moun Diéu! lou paure (bis) lio!

5.

Sus lou cubert n'i'a que de trau ;
   Lou lio n'es pas gaire (bis) caud ;
Lou paure coucho sus lou sòu,
   Soun lie n'es pas gaire (bis) mòu.

6.

Ai! que faren d'aquest enfant?
   Certos iéu lou plagne (bis) tan !
A lou visage coume un mort,
   Certos iéu lou plagne (bis) fort !

NOUVÉ 59.

1. Qui vòu faï- re grand jour- na- do Fau que par- te de ma- tin. Jóu- sè 'me soun es- pou-sa- do, Da- vans jour soun pèr ca- min.

Fin.

D. C. al segno

2.

Ah! qu'un marrit tèms ennuejo,
Pòu jamai èstre trop court;
An begu touto la pluejo,
Tout lou sant clamé dóu jour.

Ah! qu'un marrit, etc.

3.

Soun coume lei pàureis amo
Que demandon que repau;
Jóusè 'me la bono Damo
Van pica pèr leis oustau.

Soun coume, etc.

4.

N'i'a jamai gis de proufèto
Bèn reçu dins soun païs:
Jóusè demando retrèto
A l'oste dóu grand lougis.

N'i'a jamai gis, etc.

5.

Èro sour à-n-aquelo ouro
Coume uno gorjo de loup;
L'oste, plus crudèu qu'un Mouro,
Li respoundié pas un mout.

Èro sour, etc.

6.

Diéu es plus fort que lou diable,
Emai lou sara toustèm;
Lei meno dins un estable,
Au faubourg de Betelèn.

Diéu es plus fort, etc.

7.

Proun de causo de pau-vaio
Bèn souvènt vènon à poun;
Aqui, sus un pau de paio,
La Vierge a fa soun garçoun.

Proun de causo, etc.

SANT PÈIRE PARLO.

NOUVÉ
60.

1. Se- gnour, n'es pas re- sou- na- ble Que lou jés dins un es-

ta- ble: Ve- nès vous me- tre en re- pau Dins un lio plus ou- nou- ra- ble: Vous m'a-

vès dou- na lei clau, Iéu vous do- ne moun ous- tau.

2.

Moun *Douièn* e mei canounge,
Que soun un pau mai de vounge,
Gènt de sèn e de resoun,
Faran bèn ce qu' iéu me sounje,
Garniran vosto meisoun
De tout ce qu'aura besoun.

3.

N'i'aura rèn que de daururo,
De reliéu d'architeturo,
D'ournamen e de tablèu
D'uno fort bello pinturo:
Iéu espère que, bèn lèu,
Sara quaucarèn de bèu.

4.

Pèr la vouto, qu'es fort bello,
Li samenaran d'estello,
Mai de milo, pèr lou men;
Lusiran coume candèlo;
Crese qu'efetivamen
Semblara lou fiermamen.

5.

Faran faire uno cadiero
D'uno fort bello maniero
Pèr lei dous plus grand segnour
Que siejon sus la frountiero,
Lorsqu'un chascun à soun tour
Vous vendra faire sa court.

6.

Enfin touto ma pensado
Es que siege bèn ournado:
N'i'aura rèn de plus joli,
Se'n cop pòu èstre acabado...
Mai sara, coume se di,
Lou Pont dóu Sant-Esperit.

1. Pèr vèi- re la Ja-cènt, Fau qui- ta nòs- tei moun-ta- gno; Pèr

vèi- re la Ja-cènt, Fau qu'a- nen en Be- te- lèn : Par- ten tou-teis en- sèn, A-

nen tous de coum-pa-gno en Be- te- lèn, en Be- te- lèn, Pèr vèi- re la Ja- cènt.

2.

Fau tout abandouna,
Lei móutoun , agnèu e fedo;
Fau tout abandouna,
Aro que Jèsus èi na.
Sounjen de camina ,
Tenen la cambo redo ;
Jèsus èi na! Jèsus èi na!
Fau tout abandouna.

3.

Pièisque tu sies malaut,
N'es pas resoun que tu sortes;
Pièisque tu sies malaut,
Demoro dins toun oustau, .
E laisso toun barrau,
E tout ce que tu portes
Dins toun oustau, dins toun oustau,
Pièisque tu sies malaut.

4.

Sèns te bouja d'eici ,
Nautre faren toun message ;
Sèns te bouja d'eici ,
T'adurren toun gramaci ;
Te pourtaren aussi
Quauque poulit image ,
Toun gramaci, toun gramaci,
Sèns te bouja d'eici.

NOUVÉ
62.

L'ANGE. Sor-tez d'i— ci, ra— ce mau— di— te! Quoi! faudra— t-il de l'eau bé—

ni— te Pou vous chas— ser hors de ce lieu? Je suis un An— ge du grand Dieu: O-bé—is—

sez à ma puis— san— ce. Voudriez-vous fai— re ré— sis— tan— ce? Ne sa— vez—

vous pas que, ja— dis, Je vous chas— sai du Pa— ra— dis?

PREMIÉ DEMOUN.

Me n'en digues pas davantage,
Iéu counèisse proun toun visage;
Sai pas se counèisses lou miéu:
Iéu te vole dire quau siéu:
Es iéu qu'ai fa lou cop de mèstre
Dedins lou Paradis terrèstre,
Quand, sout la formo d'un serpènt,
Ai mes la poumo sout lei dènt
D'Adam, e d'Èvo sa coumpagno.

SEGOUND DEMOUN.

Es iéu qu'ai fa prendre la lagno
Autreifés au bon ome Jo,
Lorsqu'anère bouta lou fio
Dins sei troupèu, dins sei bastido,
E lorsque levère la vido
A sèt o vue de seis enfant!
Pèr iéu l'aflijère bèn tan,
Despièi lei pèd jusqu'à la tèsto,
Que diguè que n'avié de rèsto.

PREMIÉ DEMOUN.

Es iéu qu'ai douna lou dessèn
De massacra leis Innoucènt.

SEGOUND DEMOUN.

Vount creses-tu que deviéu èstre,
Quand Judas traiguè soun Mèstre?
Ère toujour à soun coustat
Pèr lou sedurre e lou tenta ;
Iéu l'óubliguère de lou vèndre,
Li counseière de se pèndre,
Li fourniguère lou licòu,
Jitère sei tripos au sòu :
Après acò, que vos-tu dire ?

PREMIÉ DEMOUN.

Iéu ai bèn fach incaro pire,
Quand siéu ana deça, dela,
Pèr espóussa toutei lei blad !

SEGOUND DEMOUN.

Es iéu que, d'un soul cop de pigno,
Ai penchina toutei lei vigno ;
Li ai gaire leissa de rasin :
Eitambèn n'i'a gaire de vin.

PREMIÉ DEMOUN.

Iéu ai tan fa toumba de grelo
Qu'ai peri toutei leis amelo :
Eitambèn n'i'a gis de nougat,
O se n'ia, lou faudra paga.

SEGOUND DEMOUN.

Iéu siéu vengu, sèns ana querre,
Vèire la glèiso de Sant Pierre,
Lou plus grand de meis enemis,
Que tèn lei clau de Paradis ;
M'a plus vougu douvri la porto :
Iéu l'aïsse de talo sorto
Que li vole tout ravaja !

PREMIÉ DEMOUN.

Aro èi lou tèms de se venja.

SEGOUND DEMOUN

Iéu vole escafa la pinturo.

PREMIÉ DEMOUN.

Iéu vole escaia la daururo
E brisa tous leis ournamen.

SEGOUND DEMOUN.

Vole estrassa lei paramen,
Afin que sache qu'iéu lou morgue !

PREMIÉ DEMOUN.

Iéu vole metre au sòu leis orgue,
Vole creba la souflarié
Que se jogo que pèr darrié.

SEGOUND DEMOUN.

E iéu vole, d'un cop de bano,
Li roumpre toutei sei campano,
Afin que pèrdon lou caquet,
Coume lou paure repliquet.

PREMIÉ DEMOUN.

Iéu vole ana cassa lei vitro
Que soun dóu coustat de l'Epitro ;
De l'autre las, lou fariéu bèn,
Mai n'i'a gis, à causo dóu vènt.

SEGOUND DEMOUN.

Soun architeturo es dins l'ordre,
Mai iéu la metrai en desordre :
Vole tout metre pèr lou sòu.
Creses-tu de nous faire pòu ?
Cregnèn pas gaire tei menaço !

L'ANGE.

Sortez, sortez de cette place,
Démons, ennemis des humains !
Dieu, qui vous a lié les mains,
Redoublera toutes vos peines
Pour toutes vos paroles vaines.
Sortez, sortez donc de ce lieu :
C'est ici la maison de Dieu !

NOUVÈ
63.

1. En sour-tènt de l'es- ta- ble Voun-te Diéu es na, Ai res-coun-tra lou

dia- ble, L'ai ar-re-sou-na: M'a di qu'è-ro a-mou-lai- re, Lou lai- re! lou lai- re!

Que sa- vié bèn fai- re Lou ga-gno-pe- tit. E zi! zi! zi! zi!

2.
Qui vòu ana 'la guerro,
  Li dono d'argènt,
Pèr despoupla la terro,
  Pèr tua proun de gènt!
D'espasos à l'antico,
  Do pico, do pico,
N'i'a dins la boutico
  Dóu gagno-petit.

3.
Ça! ça! coupur de bourso,
  Aro venès lèu
Vers iéu, que siéu la sourço
  Dei meiour coutèu;
E quand iéu leis amole,
  Iéu vole, iéu vole.
N'es-ti pas bèn drole
  Lou gagno-petit?

4.
De matin, davans l'aubo,
  Passe lei cisèu
D'aquélei que fan raubo,
  Perpoun e mantèu:
Siéu causo que travaion,
  Que taion, que taion,
E souvènt se raion
  Dóu gagno-petit.

5.
Lou bon Jóusè se pico
  Qu'aquel infernau,
Ague leva boutico
  Davans soun oustau;
Éu sauto la rigolo,
  E volo, e volo,
Fai roula lei molo
  Dóu gagno-petit,

1. Gui- hau- me, Tò- ni, Pèi- re, Ja- que, Glau- de, Mi- cou- lau, Vous an ja- mai fa vèi- re Lou sou- lèu que pèr un trau. Ve- nès vi- te, cour-rès vi- te, Qu'a- ques- to fes, Lou vei- rés Tan que vou- drés, Pèr mai de dous o tres.

2.

Dins uno cabaneto,
Traucado de tout coustat,
Sènso gis de luneto,
Diéu fai vèire sa clarta;
E sa Maire, e sa Maire
Qu'es auprès d'éu,
Lou soulèu,
Près de sei péu,
Semblarié qu'un calèu.

3.

Quand mièja-nue sounavo,
Soumihave toutesca;
Noste gros gau cantavo
Cacara! cacaraca!
Quaucun crido! quaucun crido!
— Jan, lèvo-te!
Gros patet,
Abiho-te,
Escouto aquest moutet:

4.

Sènso vèire persouno,
Au travers de moun chassis,
Ause l'Ange qu'entouno:
Gloria in excelsis,
Et in terra, et in terra...,
Tòu! patatòu!
Saute au sòu
De moun linçòu,
E courre coume un fou,

5.

Ai vist, noun vous desplase,
Un enfant dessus lou fen,
Un ome, un bibu, un ase,
A l'entour d'uno jacènt.
Que de joio! que de joio
Dins aquéu lib!
Fan trib,
E pèr ecò,
L'ase respond: Hi! ho!

6.

Courrès, courrès, bregado!
Anas vèire coume iéu
La Vierge benurado
Qu'alacho lou Fiéu de Diéu.
Faudra dire, faudra dire
Quauco cansoun
Aú garçoun
A la façoun
D'aquelo de *soum-soum.*

11

64
(bis.)

1. Gui- hau- me, Tò- ni, Pèi- re, Ja- que, Glau- de, Mi- cou- lau, Vous an ja- mai fa

vèi- re Lou sou- lèu que pèr un trau: Ve- nès vi- te, cour- rès vi- te,

Qu'aques- to fes, Lou vei- rés Tan que vou- drés, Pèr mai de dous o tres.

64
(ter.)

1. Gui- hau- me, Tò- ni, Pèi- re, Ja- que, Glau- de, Mi- cou- lau, Vous

an ja- mai fa vèi- re Lou sou- lèu que pèr un trau: Ve- nès vi- te, cour- rès

vi- te, Qu'a- ques- to fes, Lou vei- rés Tan que vou- drés, Pèr mai de dous o tres.

64
(quater)

1. Gui- hau- me, Tò- ni, Pèi- re, Ja- que, Glau-de, Mi- cou- lau, Vous an ja- mai fa vèi- re Lou sou- lèu que pèr un trau. Ve-nès vi- te, cour-rès vi- te, Qu'a-ques- to fes, Lou vei- rés Tan que vou- drés, Pèr mai de dous o tres.

2.
Dins uno cabaneto,
Traucado de tout coustat,
Sènso gis de luneto,
Diéu fai vèire sa clarta,
E sa Maire, e sa Maire
Qu'es auprès d'éu,
Lou soulèu,
Près de sei péu,
Semblarié qu'un calèu.

3.
Quand mièja-nue sounavo,
Soumihave toutesca;
Noste gros gau cantavo:
Cacara! cacaraca!
Quaucun crido, quaucun crido:
— Jan, lèvo-te!
Gros patet,
Abiho-te,
Escouto aquest moutet.

4.
Sènso vèire persouno,
Au travers de moun chassis,
Ause l'Ange qu'entouno
Gloria in excelsis!
Et in terra, et in terra...
Tòu! patatòu!
Saute au sòu
De moun linçou,
E courre coume un fòu.

5.
Ai vist, noun vous desplase,
Un pichot dessus lou fen,
Un ome, un bièu, un ase,
A l'entour d'uno jacènt.
Que de joio! que de joio
Dins aquéu lio!
Fan trið,
E pèr ecò,
L'ase respond: Hi! ho!

6.
Courrès, courrès, bregado!
Anas vèire coume iéu
La Vierge benurado
Qu'alacho lou Fiéu de Diéu.
Faudra dire, faudra dire
Quauco cansoun
Au garçoun,
A la façoun
D'aquelo de *soum-soum.*

NOUVÈ 65.

1. A la ciéu-ta de Be-te-lèn, U-no Vier-ge s'es a-cou-cha-do;
Li vai u-no gran-do as-sem-bla-do, De per-tout l'ar-ri-bo de gènt.
Si noun cou-neis-siéu lou ter-rai-re, Pour-rié bèn ès-tre que di-riéu Qu'es u-no
fie-ro de Bèu-cai-re, O bèn la vi-lo d'Ais pèr la fès-to de Diéu.

2.

Dos o tres ouro davans jour,
Lou menu pople dei vilage,
Carga de burre e de froumage,
Li soun ana faire la court;
Lei pastres emé lei pastresso
S'en retornon vers seis agnèu;
Aro li vèn que de noublesso
Que li toumbon espés coume leis estournèu.

3.

Lei Rèi de l'ilo e de Tarsis
An pres terro à la Magalouno;
Li vai de tiaro e de courouno,
De du, de comte e de marquis;
De capèu, de mitro e de crosso,
Tapisson toutei lei camin;
M'es avis que vese un carrosso,
Belèu eiçò sara Mounsegnour Loumelin.

4.

Mounsegnour lou Vice-Legat,
Nàutrei vous en devèn de rèsto,
Càr au pu fort de la tempèsto,
Sènso vous sarian tous nega;
Vous avès bèn coundu la barco,
Noste Sant Paire lou saup proun!
Gràcis ei Prince de Jubarco,
Que nous an prouvesi d'un si brave patroun.

5.

Mai que sie davans pau de tèm,
Voste esprit e vòsto prudènço
Mancaran pas de recoumpènso;
Aurés sujèt d'èstre countènt:
Lou Papo, qu'es bon coume un ange,
Sus ce qu'avès tan bèn agi,
Vous dounara milo louange,
E n'en dira bèn tan que vous fara rougi!

6.

Noste Prelat vai à soun tour
Adoura Jèsu sus la paio;
Vous-àutrei que sias seis ouvaio,
Devès segre voste Pastour:
Lou troubarés dins noste tèmple,
Venès-i, noun li manqués pas;
Pièisque vous mostro soun eisèmple,
Fasès tout ce que fai, seguès-lou pas à pas.

7.

Coume un pastre fai soun devé,
Lorsqu'emé sei tacoun de ferre,
Grimpo sus la cimo d'un serre
Pèr vèire passa soun avé;
Ansin voste Pastour, que pènso
Toujour à sei pàuris agnèu,
Mountara sus uno eminènço
Pèr vèire de pu luen tout soun pichot troupèu.

NOUVÉ 66.

1. Un an-ge dóu cèu es ven-gu Que nous a tou-tes es-mou-gu. Des-sus nòs-tei moun-ta-gno, A di qu'a-nue dins Be-te-lèn Un Diéu es na des-sus lou fen, Dins la ra-so cam-pa-gno. Me siéu d'a-bord mes en ca-min, En jou-gant de moun tam-bou-rin, E pan pan pan! pa-ta-tin pa-ta-tan! Sèn-so cre-gne l'ei-ga-gno.

2.
Veici veni lou gros serpènt }(bis)
Vers l'estable de Betelèn
  Pèr troubla nosto fèsto ;
Pastre, descendès ciçavau,
Doumen sus aquest animau,
  Jouguen-li de soun rèsto ;
Aro-es lou tèms, o jamai noun,
Que li fau douna d'un bastoun,
    E zòu! zòu! zòu!
   Patati! patatòu!
  Esclapen-li la tèsto!

3.
Eiçò's aquéu vilèn Satan }(bis)
Qu'embrenè la raço d'Adam
  De la plus fino rougno ;
Soun venin èro tan marrit
Que nous avié toutei pourri,
  A nosto grand vergougno ;
Pièisque nous a tan mautrata,
A noste tour lou fau grata.
    E zòu! zòu! zòu!
   Patati! patatòu!
  Fen-li milo boudougno.

4.
Despièi mai de quatre milo an }(bis)
Es altera de noste sang,
  E chasque jour s'en lipo.
A tan empli soun casaquin
De car, de graisso e de sahin,
  Que la panso li estripo!
Sarié pecat de l'espargna,
Éu que nous a tan sagagna.
    E zòu! zòu! zòu!
   Patati! patatòu!
  Derraben-li lei tripo.

5.
Emé l'ajudo dóu bon Diéu, }(bis)
Lou fau escourtega tout viéu,
  Coume uno anguielo fino,
E pièi chapoutaren sa *chair*,
Plus menu que de caulet verd
  Que donon ei galino.
Pastres, aco's trop counsulta,
Faudrié que fusse sagata,
    E zòu! zòu! zòu!
   Patati! patatòu!
  Espeien-li l'esquino.

6.
De sa pèu faren un garrot, }(bis)
Pièi la pendoularen au cro
  De quauque bouticaire :
Toutei lei gènt que passaran
Diran : Vequi lou gros Satan,
  Aquéu vilèn manjaire,
Que pèr avé trop rousiga,
Lei pastre l'an escourtega.
    E zòu! zòu! zòu!
   Patati! patatòu!
  Garden-nous de mau faire.

NOUVÉ
67.

1. Sus! cam-pa-nié, re- vi-has-vous! Lou jour pa-rèis, l'au-bo es le-

va- do, Vei- ci l'u-rou-so ma-ti- na-do Moun-te de- vèn re-nais-se

tous; Diéu vèn, e pèr soun ar- ri- ba-do, Sou- nas la prou-mie-ro sou-

na-do! Fès que la gros-so so- ne a- van. Din, don, din, dan! Di- gue, di-gue, di-gue,

dan! Din, don, din, dan! Diéu s'es fach en- fant Pèr sau-va lou gèn- re u- man. Din, don, din,

dan! Fo- ro, Sa- tan! Fo- ro, Sa- tan! Plus gis de guer- ro! Plus gis de

guer- ro! Que tout sie nóu- vèu; La glò-ri au cèu, E la pas sus la ter- ro!

2.

La perlo ei raioun dóu soulèu
Se formo dedins la couquiho :
Diéu s'es fourmà dins uno fiho
Pèr un astre plus grand qu'aquéu ;
Enfin , en aquesto journado ,
Aquelo perlo s'es fourmado
Pèr lou pres de nosto rançoun ,
   Din , dan , din , doun !
  Digue , digue , digue doun !
   Din , dan , din , doun !
   Veici lou segound ,
  Qu'es en formo de trignoun.
   Din , dan , din , doun !
   Foro , demoun !   (bis)
   Plus gis de guerro ! (bis)
   Que tout sie nouvèu ,
   La glòri au Cèu
  E la pas sus la terro !

3.

Courage ! veici la clarta :
Diéu la dono à sa creaturo ,
Li a plus de nue dins la naturo ,
Ni d'oumbro , ni d'escurita :
Sus dounc pèr la joio publico ,
Vióuloun , auboues , basso e musico!
Jougas-li tous un carrihoun.
   Din , dan , din , doun !
  Digue , digue , digue doun !
   Din , dan , din , doun !
   N'es-ti pas resoun ,
  De recounèisse un tau doun ?
   Din , dan , din , doun !
   E leissen dounc   (bis)
   Lei causo vano , (bis)
   E que nòstei cor
   Sonon plus fort
  Que toutei lei campano !

4.

Tafort ! anen , fau mai souna !
Gros campanié , prenès courage!
Que Diéu benigue voste óubrage :
Pèr reculi , fau samena.
Din , dan ! aurés la bono estreno ,
La cachomaio sera pleno :
Es aujourd'uei lou jour de l'an.
   Din , doun , din , dan !
  Digue , digue , digue dan !
   Din , doun , din , dan !
   Lei bèus escut blanc
  Que toumbon dins vòstei man !
   Din , doun , din , dan !
   Que d'escut blanc ! (bis)
   N'aurés de rèsto... (bis)
   Acò's proun souna ,
   Venès dina ,
  Pèr acaba la fèsto.

www.ingramcontent.com/pod-product-compliance
Lightning Source LLC
Chambersburg PA
CBHW060201100426
42744CB00007B/1123